MEIN GROßES Back- & BASTELBUCH

TOLLE REZEPTE & PROJEKTE ZUR WEIHNACHTSZEIT

BACK- & BASTELSPAß FÜR DIE GANZE FAMILIE

Vorwort

Adventszeit ist gemeinsame Zeit.

An kalten Wintertagen ist es doch das Schönste, einfach zu Hause zu bleiben und es sich so richtig gemütlich zu machen! Und da die Advents- und Weihnachtszeit unmittelbar vor der Tür steht, ist es an der Zeit, Bastelscheren, Papier, Kleber und Stifte herauszuholen und tolle Deko- und Geschenkideen zu basteln! Und nicht nur das: Auch in der Weihnachtsbäckerei geht es jetzt ziemlich rund – also ran an die Nudelhölzer, Plätzchenausstecher und Backformen: Ob Plätzchen, Kuchen, Kekse oder leckere Nachspeisen, hier können sich kleine und auch große Naschkatzen nach Herzenslust austoben!

Dieses Buch ist für dich und deine ganze Familie. Denn was gibt es Schöneres, als in der Adventszeit gemeinsam die Zeit mit Backen und Basteln zu verbringen? Zusammen macht es einfach unheimlich viel Spaß!

Und deine Eltern können dir bei so manchen kniffligeren Anleitungsschritten und mit einigen Bastel- und Backutensilien sicher helfen. So ist neben dem Spaß auch garantiert, dass du dich nicht verletzt.

FRÖHLICHE WEIHNACHTEN!

Inhalt

BE
OPENED
UNTIL
CHRISTMAS
EVE

SCHWIERIGKEITSGRADE

Das ist ein leichtes Projekt!

Dieses Projekt ist etwas schwieriger. Aber mit ein wenig Hilfe schaffst du das!

Hier ist ein wenig Fingerspitzengefühl und Geduld gefragt. Deine Eltern helfen dir bestimmt gerne, wenn du nicht weiterkommst.

Dieses Symbol zeigt dir, dass du hierbei besonders vorsichtig und am besten mit deinen Eltern zusammen arbeitest!

IN DER Wichtelwerkstatt

Material und Werkzeug

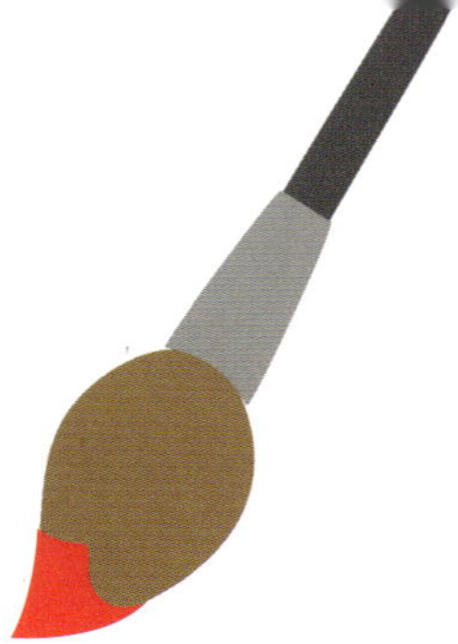

GARN UND PAKETSCHNUR
Mit Garn können wir Stoff- und Filzteile gut miteinander vernähen. Die Paketschnur ist etwas fester und stabiler.

BASTELPAPIER
Es darf nicht zu dick sein, sodass man es leicht durchschneiden kann.

KLEBEBAND
Klebeband hilft dir dabei, viele kleine Teile aneinander zu befestigen. Du kannst auch Masking Tape verwenden, das ist aus Papier und lässt sich auch wieder leichter lösen.

WOLLE
Wolle hat deine Mama bestimmt noch irgendwo herumliegen. Meist wird damit etwas gehäkelt oder gestrickt. Wir machen aber etwas anderes damit! Sei gespannt!

FARBEN UND FILZSTIFTE
In diesem Buch arbeiten wir meist mit Bastelfarben, du kannst aber auch Wasserfarben nehmen. Achte nur darauf, dass du möglichst viel Farbe und wenig Wasser benutzt, weil sonst alles sehr blass wird. Mit Filzstiften kannst du deine Basteleien mit kleinen Details verzieren.

FILZSTOFF UND FILZRESTE
Auch Reste lassen sich für unsere Projekte verwenden – es muss nicht immer etwas Neues sein!

KLOPAPIERROLLEN
Klopapierrollen sollte man nie wegschmeißen, weil man damit so viele tolle Sachen basteln kann!

PFEIFENPUTZER
Mit Pfeifenputzern kann man nicht nur Pfeifen putzen, sondern auch prima basteln. Außen sind sie besonders weich, und innen verläuft ein Draht, sodass man sie gut biegen kann.

WEIßES PAPIER
Der Klassiker der Bastelmaterialien!

KLEBER
Wir benötigen bei unseren Projekten einiges an Kleber. Einen Klebestift, einen Kleberoller oder einen Flüssigkleber. Bei manchen Projekten brauchst du eine Heißklebepistole. Frage hier bitte unbedingt deine Eltern, ob sie dir damit helfen, denn dieser Kleber ist sehr heiß und man kann sich leicht verbrennen!

LINEAL
Wir verwenden ein einfaches Lineal, mit dem du gerade Linien ganz leicht zeichnen kannst.

STIFTE
Du benötigst für die Projekte einen Bleistift, einen schwarzen Fineliner, einen schwarzen Filzstift und Glitzergelstifte.

NADEL
Du brauchst eine Nadel, um Filz- oder Stoffteile zusammenzunähen, oder um Materialien und Gegenstände mit Löchern zu versehen.

PINSEL
Verwende einen schmalen Pinsel, damit du auch kleinere Stellen gut anmalen kannst. Breite Pinsel eignen sich für große Flächen gut.

SCHERE & CUTTER
Eine Bastelschere ist für die Projekte perfekt. Mit einem Cuttermesser lassen sich die Materialien und Papiere auch gut schneiden. Mach das aber bitte nicht allein, sondern lass dir auch hier von deinen Eltern helfen.

Kunst-HANDWERK

DAS BRAUCHST DU:

- Papier
- Wasserfarben
- Pinsel
- Bleistift
- Schere
- wasserfester Filzstift, weiß (alternativ Deckweiß)
- Kleber
- Leinwand

SO GEHT'S:

1 Zuerst darfst du mit Wasser- oder Aquarellfarben und Wasser das Papier nach Herzenslust anmalen. Je nach Geschmack kannst du dabei in einer Farbfamilie bleiben oder auch kunterbunt herumklecksen. Lass anschließend alles gut trocknen.

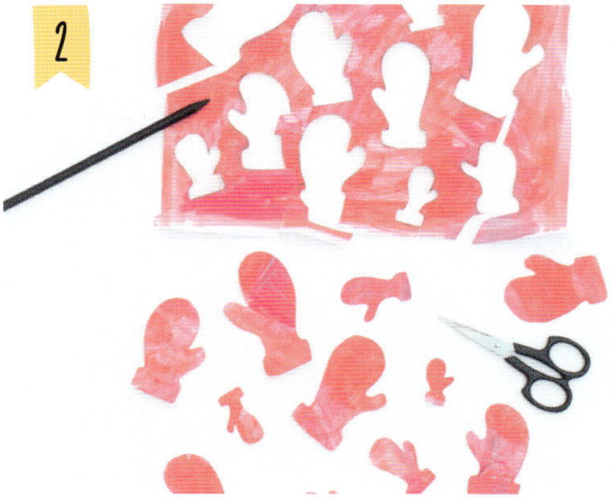

2 Nun malen Mama oder Papa mit einem Bleistift lauter kleine und große Handschuhe auf die bunte Kleckserei und schneiden sie aus. Besonders einfach lassen sich Fausthandschuhe zeichnen.

3 Verziere nun die Handschuhe mit Deckweiß und Pinsel oder weißem Filzstift mit verschiedenen Mustern deiner Wahl. Besonders toll sehen Punkte und Streifen aus. Deiner Fantasie sind hier keine Grenzen gesetzt.

4 Lege die Handschuhe dann auf einer Leinwand aus und klebe sie fest. Dann könnt ihr das Handschuh-Bild gemeinsam aufhängen.

Frosty, DER SCHNEEMANN

DAS BRAUCHST DU:

- Filzstoff, rot und weiß
- Garn, rot
- Flüssigkleber
- feiner Filzstift, schwarz
- Watte, zum Befüllen
- etwas Garn, zum Aufhängen

SO GEHT'S:

1 Zuerst schneidest du aus dem weißen Filzstoff zwei identische Schneemannformen aus. Aus dem roten Filz schneidest du noch zwei Arme und die Karottennase für den Schneemann aus.

2 Mit dem Filzstift malst du die Augen und den Mund auf einen der beiden weißen Schneemannteile. Mit einem Kreuzstich und dem roten Garn kannst du noch die Knöpfe in den Filz nähen. Hier solltest dir deine Eltern helfen. Die Nase klebst dem Schneemann ins Gesicht und auch die Arme kannst du auf der Rückseite des Vorderteils ankleben.

3 Dann nähst du mit dem Garn und der Nadel, die beiden Teile zusammen. Frage hierbei deine Eltern, ob sie dir dabei helfen. Schließe den Schneemann aber nicht komplett und lass noch eine Öffnung frei, sodass du noch mit zwei Fingern hineinfassen kannst.

4 Befülle deinen Schneemann jetzt mit Watte. Wenn du ihn genug „ausgestopft" hast, kannst du das letzte Stück mit Faden und Nadel schließen. Auf die Rückseite des Schneemanns kannst du noch eine Schnur zu einer Schlaufe binden und festkleben. Fertig ist dein Anhänger!

Lustige TANNENBÄUME

DAS BRAUCHST DU:

- 3 leere Eierkartons (10er-Packung)
- Wackelaugen
- Reißnägel, rot
- Schere
- Flüssigkleber

SO GEHT'S:

1 Als Erstes schneidest du aus den Eierkartons die Teile für die Tannenbäumchen aus. Das sind die Teile, die die Eier im Karton trennen. Für einen Baum benötigst du etwa 4–5 Hügel.

2 Jetzt schneidest du in 4 der 5 Hütchen vorsichtig am unteren Rand herum ein paar Fransen ein. So wirken die Tannenbäume nachher buschiger.

3 Die obersten Hütchen schneidest du nicht ein, diese benötigen wir für die Gesichter. Mit deinem Kleber kannst du jetzt vorsichtig den Bommel auf der Hütchenspitze und die Wackelaugen befestigen. Den Reißnagel stichst du vorsichtig als Nase in das Hütchen. Pass hierbei auf, lass dir am besten von deinen Eltern helfen.

4 Lass die Gesichter gut trocknen. Jetzt bastelst du deine Tannenbäume vorsichtig zu Ende, indem du 4 der fransigen Hütchen aufeinander stellst und zum Schluss das Hütchen mit dem Gesicht darauf auf der Spitze absetzt.

Schmuckhafter SCHNEEMANN

DAS BRAUCHST DU:

- 3 runde (klein, mittel, groß) und eine eckige Holzperle mit Loch
- Bastelfarbe, schwarz und weiß
- hübsches Band
- Modelliermasse, orange
- Holzspieß
- Pinsel
- Schere
- Flüssigkleber
- wasserfesten Filzstift, schwarz

SO GEHT'S:

1 Die runden Holzperlen auf den Holzspieß auffädeln und mit der weißen Farbe anmalen. Die eckige Holzperle ebenfalls auf den Spieß auffädeln und schwarz bemalen. Alles gut trocknen lassen.

2 Vom Band ein etwa 60 cm langes Stück abschneiden, am Ende verknoten und doppelt gelegt durch die Perlen schieben, zuerst durch die eckige, dann durch die runden. Dabei mit der kleinsten Perle anfangen und immer größer werden. Unter der größten doppelt verknoten.

3 Aus der Modelliermasse eine klitzekleine Möhrennase formen und an der Luft oder kurz im Ofen trocknen lassen. Mit Flüssigkleber im Schneemanngesicht befestigen. Zum Schluss mit dem Stift Augen und Knöpfe aufzeichnen. Lass dir bei diesem Schritt am besten von Mama oder Papa helfen.

TIPP

Runde Kugeln und etwas Farbe hat man meist zu Hause. Zur Not sieht der Schneemann auch ohne Hut und mit einer aufgemalten Nase gut aus.

Farbenfrohes RENTIER

DAS BRAUCHST DU:

- leere Toilettenpapierrolle
- Wolle, braun
- 2 kleine Zweige
- bunte Wollreste
- 1 Paar Wackelaugen
- Filzbommel, rot
- Flüssigkleber

So geht's:

1 Beginne, indem du das Ende deines Wollfadens mit einem Tropfen Kleber am Rand der Papprolle festklebst. Sobald der getrocknet ist, wickelst du nun den Faden um die Rolle, sodass keine Lücken zu sehen sind.

2 Wenn du die Rolle bis unten hin eingewickelt hast, schneidest du den Faden ab und klebst das Ende auch nochmal unten am Rand fest, damit sich der Faden nicht löst.

3 Nun kannst du mit den bunten Wollresten die beiden Zweige umwickeln. Wechsle dabei zwischendurch gerne die Farben ab, so wird das Geweih schön bunt. Die Enden der Fäden kannst du auch wieder jeweils dann an den Ästchen festkleben.

4 Jetzt musst du noch das Geweih am Rentierkopf befestigen. Verwende hierfür entweder Klebstoff und drücke die Äste vorsichtig an der Innenseite der Rolle fest oder fixiere sie mit einem stabilen Klebeband. Zum Schluss kannst du dem Rentier mit den Wackelaugen und dem Filzbommel noch ein Gesicht verpassen.

Filz-TANNENBÄUME

DAS BRAUCHST DU:

- Filzstoff, grün
- Filz- oder Stoffreste, in verschiedenen Farben
- Nadel
- Garn
- Schere
- Flüssigkleber

SO GEHT'S:

1 Du benötigst eine Schablone für den Filzstoff. Du kannst selbst eine zeichnen und ausschneiden oder die Vorlage (s. S. 76) nutzen, ausdrucken und ausschneiden. Deine Eltern helfen gern. Die Schablone legst du auf den Filz und malst mit einem Filzstift die Ränder nach. Mache das zwei Mal und schneide beide Vorlagen vorsichtig aus.

2 Nun nähst du beide Teile mit Nadel und Garn wie abgebildet zusammen. Am besten fragst du hier deine Mama oder deinen Papa um Hilfe.

3 Schneide als Nächstes aus dem bunten Stoff und Filzresten kleine Kreise und Sterne aus. Das wird der Schmuck auf deinem Christbaum. Klebe diese mit deinem Kleber auf dem Filz gut fest.

Bunter PLÄTZCHENTELLER

DAS BRAUCHST DU:

- großen Teller
- kleinen Teller als Schablone
- Bleistift
- Porzellanmalfarbe
- alten Teller für die Farbe

SO GEHT'S:

1 Bevor du unbehandeltes Porzellan anfasst, bitte unbedingt Hände waschen. Nimm den zweiten Teller, lege ihn auf deinen großen und zeichne mit dem Bleistift einmal drumherum.

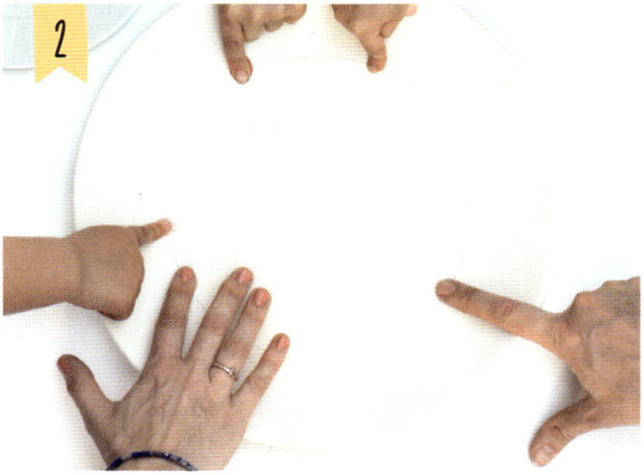

2 Gieße ein wenig Porzellanfarbe auf den alten Teller. Nun darf jeder mit dem Finger in die Farbe tippen und danach auf den Teller drücken – einmal rund um den Bleistiftkreis herum.

3 Habt ihr einen ganz normalen Teller bedruckt, kann der einfach im Backofen getrocknet werden. Wie lange, steht auf der Farbpackung. Hierbei sollten dir auf jeden Fall Mama oder Papa helfen.

TIPP

In immer mehr Städten gibt es inzwischen Läden, in denen man selbst Porzellan anmalen kann. Bei dem in unserer Stadt kann man sich auch einen Rohling und ein paar Farben abholen und ganz in Ruhe zu Hause malen. Hinterher bringt man die Farben zurück und lässt den Rohling brennen. Die meisten Kinder haben einen Riesenspaß beim Porzellanbemalen. Auch eine schöne Idee für einen Kindergeburtstag.

Schachtel-SCHNEEMÄNNER

DAS BRAUCHST DU:

- Pappkartons in verschiedenen Größen
- weißes Pack- oder Geschenkpapier
- Mohrrüben
- Schere
- Klebeband
- dicken, wasserfesten Filzstift
- Messer
- Flüssigkleber

SO GEHT'S:

1 Schneide als Erstes passendes Geschenkpapier für die Pappkartons zu. Lass dir hierbei am besten von Mama oder Papa helfen.

2 Packe die Kartons anschließend in Papier ein und befestige sie mit Klebeband.

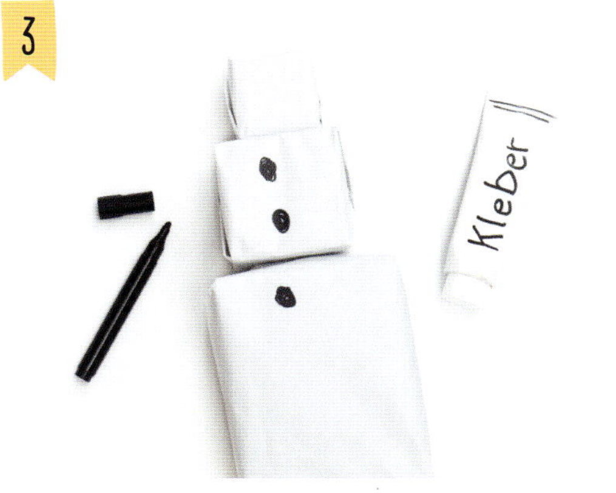

3 Stelle die Pakete aufeinander (am besten der Größe nach) und zeichne mit dem schwarzen Stift die Knöpfe und Augen der Schneemänner auf.

4 Bitte Mama oder Papa, von der Möhre den obersten Teil abzuschneiden, und klebe ihn gemeinsam mit Flüssig- oder Heißkleber fest. (Die Möhrennase hält viel besser, wenn du die Schnittfläche vorher eine Weile an der Luft trocknen lässt.)

Santa-Claus-STIFTEBOX

DAS BRAUCHST DU:

- Konservendose
- Wolle, rot
- 1 Paar Wackelaugen
- 2 Filzbommel, weiß
- 3 kleine Holzperlen, weiß
- Watte
- Bastelpapier, rot
- Schere
- Flüssigkleber

SO GEHT'S:

1 Zuerst befreist du die Dosen gründlich vom Etikett und weiteren Kleberesten. Spüle sie dafür vorsichtig mit warmem Wasser gut ab. Sei aber vorsichtig, dass du dich dabei nicht an den Rändern verletzt. Deine Eltern helfen dir hierbei bestimmt gerne!

2 Wenn alles trocken und sauber ist, kannst du die rote Wolle vorsichtig um die Dose wickeln. Klebe dazu das Fadenende am oberen Dosenrand fest. Dann umwickelst du die Dose lückenlos mit der roten Wolle, bis du am unteren Rand angekommen bist. Schneide den Faden ab und klebe ihn auch unten fest.

3 Nun bekommt der Weihnachtsmann sein Gesicht. Klebe den weißen Filzbommel als Nase auf die obere Hälfte der Dose. Wenn du keinen Filzbommel hast, kannst du auch aus der Watte eine kleine feste Kugel formen und festkleben. Über die Nase klebst du vorsichtig ein Paar Wackelaugen.

4 Mit der Watte kannst du nun den Bart des Weihnachtsmannes gestalten. Klebe ihn um das Gesicht herum gut fest. Die Holzperlen klebst du untereinander unter den Bart. Das werden seine Mantelknöpfe.

5 Jetzt braucht Santa Claus noch eine Mütze. Nimm hierfür das rote Bastelpapier und pause mit einem Stift den Boden der Dose einmal ab. Schneide den Kreis aus und schneide dann eine gerade Linie bis zur Kreismitte. Jetzt drehst du den Kreis kegelförmig zusammen und fixierst die Seiten mit Kleber oder Klebeband.

6 Verziere auch die Mütze mit einem Rand aus Watte und einem weißen Bommel oben auf der Spitze. Mütze auf und fertig!

Fluffige SCHNEEMÄNNER

DAS BRAUCHST DU:

- dicke Pappe
- Wolle, weiß
- 2 Pfeifenputzer, in verschiedenen Farben
- 4 kleine Filzbommel, schwarz
- 1 Filzbommel, orange
- Lineal
- Bleistift
- Schere
- Flüssigkleber

SO GEHT'S:

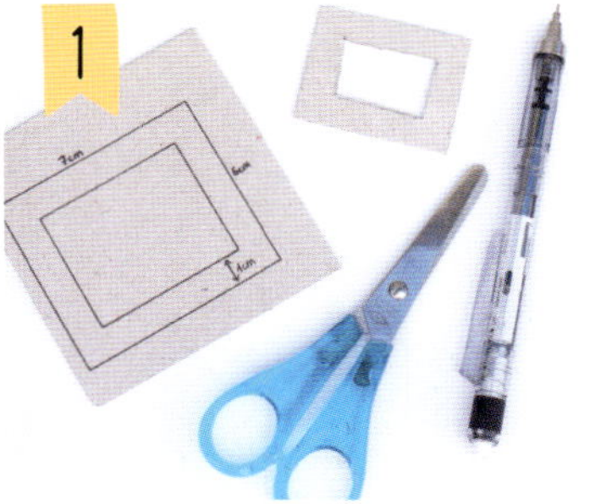

1 Schneide aus der Pappe zunächst zwei Rechtecke aus: das große mit 7 x 6 cm, das kleine mit 5 x 4 cm. Mit 1 cm Abstand zum Rand schneidest du innen jeweils noch ein Rechteck aus.

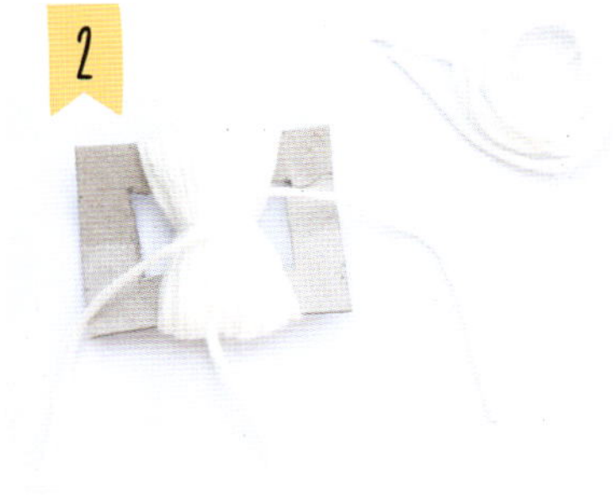

2 Die Wolle wird nun ca 50-mal um die Mitte gewickelt, indem du das Rechteck quer hältst und eine kleine Lücke an beiden Rändern des Lochs freilässt. Die Enden hängen nach dem Abschneiden einfach herunter. Lass ein Ende etwas länger. Mit einem neuen, 20 cm langen Faden knotest du dann noch alles in der Mitte fest zu.

3 An beiden Seiten schneidest du jetzt alle Fäden mit der Schere durch. Die Pappe fällt dabei von selbst ab. Zupfe die Wolle etwas zurecht und schneide sie schön rund. Für einen Schneemann brauchst du einen kleinen und einen großen Pompon, die du mit den beiden unterschiedlich großen Papprechtecken anfertigst. Zum Schluss werden die Pompons an den langen Fäden aneinandergeknotet.

4 Ein Pfeifenputzer wird nun um den Hals des Schneemanns gewickelt und vorne zusammengedreht. Die Enden hängen herunter. Ein weiterer Pfeifenputzer wird am Ende etwas eingerollt und leicht umgeklappt. Auf der anderen Seite machst du das Gleiche. Dies werden die Ohrenschützer.

5 Die Ohrenschützer setzt du dem Schneemann zum Schluss noch auf, der Schal wird zurechtgeschnitten. Die schwarzen Filzkugeln werden als Augen und Knöpfe aufgeklebt. Als Nase nimmst du die orangene Filzkugel, die du etwas spitz zuschneidest.

Kreative TANNEN

DAS BRAUCHST DU:

- Filzstifte, schwarz
- Papier, weiß
- Schere
- Klebestift
- Leinwand oder feste Pappe zum Aufkleben
- evtl. passenden Bilderrahmen

SO GEHT'S:

1 Schnapp dir Stifte und Papier und lege einfach los mit dem Zeichnen: Punkte, Kringel, Striche, Wellen – je mehr unterschiedliche Muster, desto besser.

2 Schneide anschließend aus deinem Musterpapier Tannen aus. Besonders hübsch sieht es aus, wenn du deine Tannen aus verschiedenen Mustern zusammenlegst.

3 Lege deine Bäume auf der Pappe oder einer Leinwand aus, bis sie dir gefallen, und klebe sie anschließend fest.

4 Wie immer sieht dein Bild noch hübscher in einem Rahmen aus.

Pfefferkuchen-HÄUSCHEN

DAS BRAUCHST DU:

- leere Tetrapack-Kartons
- evtl. Tonkartonreste
- Pappreste
- einige Streichholzschachteln
- Bleistift
- Schere (oder ein Cuttermesser)
- Flüssigkleber
- Pinsel
- Bastelfarben

SO GEHT'S:

1

1 Zeichne zuerst mit Bleistift Fenster und Türen auf die Tetrapackhäuser auf. Wenn du dir unsicher bist, kannst du auch vorher Schablonen aus Tonkartonresten zuschneiden und diese auf die Häuser legen und nachzeichnen. Lass Mama oder Papa sie mit der Nagelschere oder dem Cuttermesser ausschneiden. (Achtung, das ist fummelig!)

3

3 Jetzt verpasst du deinen New Yorker Pfefferkuchenhäusern noch die typisch braune Sandsteinfarbe. Lass die Farbe gut trocknen und male anschließend mit Pinsel und Pastellfarben hübsche Verzierungen auf. Wie wäre es mit Ornamenten am Giebel, Fensterläden oder einer Tanne für den Vorgarten?

2

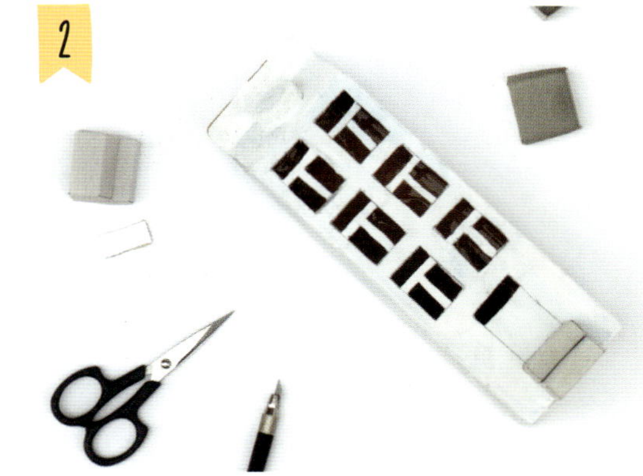

2 Nun kannst du deine Häuser gestalten, wie du magst: Schneide zum Beispiel hübsche Giebel aus Pappresten zu und klebe sie oben ans Dach. Für die typischen Stufen schneidest du das Innere einer Streichholzschachtel in zwei Hälften (eins länger, eins kürzer) und klebst das kürzere auf das längere (Öffnungen nach hinten). Male die Papphäuser hinterher einmal mit weißer Farbe an. Lass anschließend alles gut trocknen.

DIY-GESCHENKPAPIER

DAS BRAUCHST DU:

- Packpapier
- Kartoffel
- Zahnstocher
- Bastelfarbe, weiß
- Paketschnur
- Filzstift, schwarz
- Schere
- Locher

SO GEHT'S:

1 Schneide aus einer Kartoffel ein kleines zylinderförmiges Stück aus und stecke einen Zahnstocher hinein. Lass dir von einem Erwachsenen helfen. Jetzt kannst du ihn vorsichtig in die weiße Farbe tauchen und die überschüssige Farbe ein wenig auf einem Stück Packpapier abtupfen.

2 Nun kannst du nach Lust und Laune dein bereits eingepacktes Geschenk bestempeln. Danach lässt du die Farbe gut trocknen und kannst währenddessen die Grußkarte dazu basteln.

3 Hierfür schneidest du vorsichtig aus etwas Packpapier ein 10 x 5 cm großes Stück aus und stanzt mit dem Locher zwei Löcher hinein. Lass dir hierbei von deinen Eltern helfen. Hier wird später die Paketschnur durchgefädelt und anschließend ums Paket gebunden.

4 Jetzt beschriftest du mit einem schwarzen Filzstift noch das Kärtchen und fädelst die Paketschnur, wie abgebildet, durch die beiden Löcher.

5 Nun kannst du deine Karte mit der Schnur ein- oder zweimal um das Geschenk wickeln. Achte dabei darauf, dass die Schrift auf dem Kärtchen nach oben zeigt. Schneide den Faden ab, sobald du die richtige Länge erreicht hast, und binde eine Schleife, um alles zu befestigen. Fertig!

TIPP

Wenn du magst, kannst du noch eine kleine weihnachtliche Figur mit am Geschenk befestigen.

Funkelnde PASTA-BÄUME

DAS BRAUCHST DU:

- 1 Pappteller
- Schmetterlingsnudeln (Farfalle)
- Bastelfarben
- Schere
- Tacker
- Heißklebepistole

SO GEHT'S:

1 Als Erstes schneidest du deinen Pappteller in zwei Hälften. Daraus wird der Kegel gebastelt, an dem die Nudeln später festgeklebt werden.

2 Jetzt drehst du die Papphälfte so zusammen, dass ein Kegel entsteht. Damit alles gut zusammenhält, ist es hilfreich, den Kegelbaum unten festzutackern. Frag hier bitte unbedingt deine Eltern, ob sie dir dabei helfen.

3 Jetzt kommt die Heißklebepistole zum Einsatz. Auch hier: Bitte auf keinen Fall alleine machen. Die Klebepistole wird sehr heiß, und man kann sich leicht verbrennen. Deine Eltern helfen dir bestimmt auch hier. Klebe nun vom unteren Rand die Schmetterlingsnudeln vorsichtig nacheinander und um den Kegel herum fest, bis du oben angekommen bist. Auf die Spitze klebst du auch nochmal eine einzelne Nudel.

4 Lass alles gut trocknen. Wenn dein Tannenbaum trocken ist, kannst du nun vorsichtig mit einem Pinsel und deinen Lieblingsbastelfarben alles anmalen. Wie wäre es mit schimmernden Metallfarben? So glitzern deine Bäumchen richtig schön!

Rentier-ANHÄNGER

DAS BRAUCHST DU:

- Modelliermasse (alternativ Salzteig)
- 2 kleine Äste
- einige kleine Kastanien und Eicheln
- Messer
- Klebeband
- Band, zum Aufhängen

SO GEHT'S:

1

1 Die Modelliermasse mit beiden Händen einige Minuten geschmeidig kneten. Dann zunächst eine Kugel formen und daraus einen platten Fladen drücken.

2

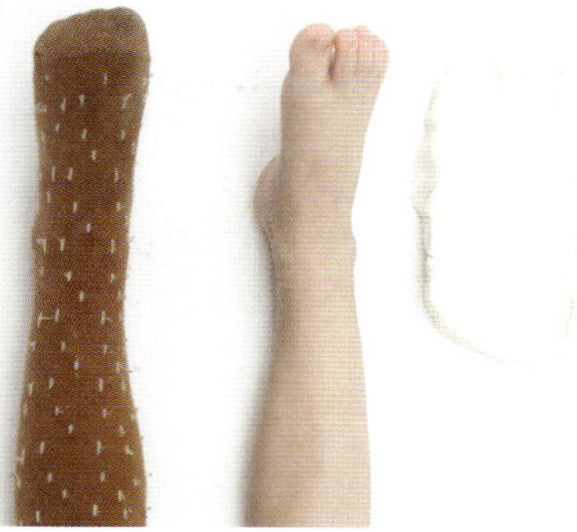

2 Jetzt legst du dich auf den Boden und stellst deinen bloßen Fuß auf den Fladen. Mama und Papa können ein wenig von oben mit drücken. Nimm deinen Fuß vorsichtig hoch – und bewundere deinen hübschen Fußabdruck.

3

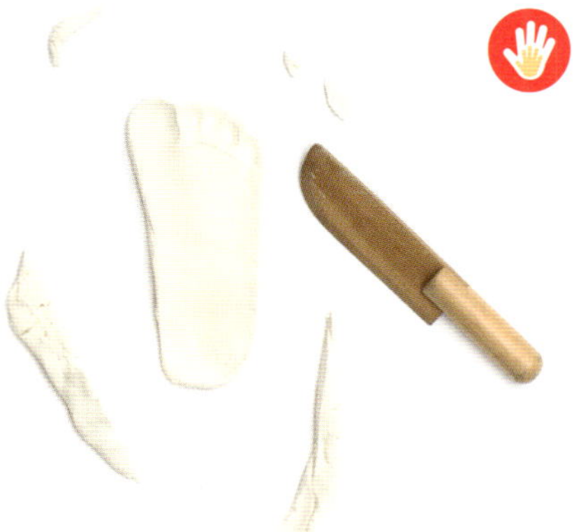

3 Nun schneidest du (oder Mama und Papa) mit einem Messer die überstehende Modelliermasse ab.

4

4 Stecke zum Schluss zwei Äste als Geweih oben in dein Rentier und verpasse ihm mit Kastanien und Eicheln ein fröhliches Gesicht. Lass das Gesicht am besten über Nacht trocknen. Mit einem hübschen Band und starkem Klebeband kannst du deinen Rentierkopf am nächsten Tag aufhängen.

Geschenk-KARTEN

DAS BRAUCHST DU:

- Bastelkarton, rot
- Bastelpapier, weiß, grün, gelb und braun
- Schere
- Klebestift

SO GEHT'S:

1 Schneide zunächst aus dem Bastelkarton und dem Papier alle Formen aus, die du für die Karte benötigst: drei gleichgroße grüne Dreiecke, ein 10 x 15 cm großes Stück in Rot und ein etwas kleineres in Weiß, einen kleinen Stern in Gelb und einen Baumstamm in Braun.

2 Klebe nun als Erstes das weiße Stück Papier so auf das rote, dass es aussieht wie ein kleiner roter Rahmen.

3 Jetzt gestalten wir den buschigen Tannenbaum. Dafür schneidest du an die kurze untere Seite der Dreiecke mit deiner Schere vorsichtig ein paar Fransen hinein.

4 Dann klebst du den Baumstumpf auf die Karte und darüber dann das erste Dreieck. Im Anschluss dann das zweite ein kleines Stück über dem ersten, und schließlich klebst du das dritte Dreieck als Spitze an den Baum.

5 Zum Schluss bekommt dein Weihnachtsbaum noch einen Stern an die Spitze gesetzt, den du auch mit Klebstoff befestigst.

Bärenstarkes GESCHENK

DAS BRAUCHST DU:

- Kopiervorlage (S. 77)
- Geschenk (möglichst rechteckig oder oval)
- Papier, weiß
- Schere
- Klebeband
- Klebestift
- Filzstift, schwarz
- hübsches Geschenkband

SO GEHT'S:

1 Kopiere mit Mamas oder Papas Hilfe die Eisbären-Vorlage auf Seite 77. Schneide alle Teile sauber aus. Packe dein Geschenk in weißes Papier ein. Dein Geschenk ist jetzt der Eisbärenbauch.

2 Klebe Kopf, Schwanz und alle vier Beine des Eisbären vorsichtig an dein Geschenk.

3 Zeichne mit dem schwarzen Stift das Eisbärengesicht und die Pfoten auf.

4 Schmücke deinen Bären rund um den Bauch mit dem Geschenkband und einer hübschen Schleife.

Origami-LESEZEICHEN

DAS BRAUCHST DU:

- quadratisches Bastel- oder Origamipapier, grün
- Bastelpapier, braun
- Klebepunkte oder Konfetti
- Klebestift
- Schere

SO GEHT'S:

1 Falte das Quadrat zu einem Dreieck.

2 Nun klappst du die obere Ecke nach unten und faltest sie, bis die Spitze die untere Kante berührt.

3 Falte jetzt die rechte und linke Ecke zur Mitte des Dreiecks.

4 Jetzt ist ein wenig Fingerspitzengefühl gefragt: Nimm die rechte Ecke, die du eben zur Mitte hin gefaltet hast, entfalte sie und stülpe sie über die waagrechte Faltkante nach innen. Das Gleiche machst du mit der linken Ecke.

5 Jetzt hast du ein kleines Quadrat mit einer Art Tasche.

6 Drehe das Quadrat um und schneide in die Kanten der Tasche ein paar kleine Ecken ein. Jetzt kannst noch an der Tasche einen kleinen Baumstamm aus dem braunen Papier schneiden, festkleben und mit bunten Klebepunkten oder Konfetti verzieren. Fertig ist dein Lesezeichen!

Adventskranz HANDGEMACHT

DAS BRAUCHST DU:

- Bastelpapier, grün und weiß
- Bastelfarbe, weiß
- Geschenkband, rot
- 4 Filzbommel, weiß
- 1 großen Teller
- 1 kleinen Teller
- Bleistift
- Schere
- Pinsel
- Flüssigkleber

SO GEHT'S:

1 Pause mit dem Bleistift deine Hand auf dem weißen Bastelpapier ab und schneide sie aus.

2 Benutze nun die weiße Hand als Schablone für das grüne Bastelpapier, pause sie noch 15-mal ab und schneide daraus die grünen Hände aus. Das werden die Tannenzweige an deinem Kranz.

3 Ein paar grüne Hände kannst du mit etwas weißer Farbe besprenkeln, um so ein wenig mehr Details reinzubringen. Dafür rührst du deine weiße Farbe mit etwas Wasser gut an, nimmst die Farbe auf den Pinsel auf und tippst mit deinem Finger vorsichtig auf den Pinsel. So lösen sich die kleinen Farbsprenkel.

4 Pause den großen Teller auf dem weißen Bastelpapier mit deinem Bleistift ab. Lege dann den kleinen Teller mittig in den Kreis, sodass die Abstände vom kleinen Teller zum Rand der großen Abpausung ungefähr gleich sind. Pause um den kleinen Teller ebenfalls herum. Nun hast du einen Pappring, den du vorsichtig ausschneiden kannst. Das ist ein bisschen knifflig; frage deine Eltern, ob sie dir dabei helfen.

5 Jetzt hast du den Rahmen für deinen Kranz und kannst die Hände nacheinander überlappend darauf festkleben. Während der Kleber trocknet, kannst du noch die Kranzblüten basteln.

6 Schneide hierfür aus dem Geschenkband für jede Blüte 3 gleiche Teile ab, falte die Enden aufeinander wie abgebildet und klebe sie aneinander fest. Jetzt legst du die zusammengeklebten Enden der Schlaufen aufeinander und klebst sie wieder aneinander fest. Klebe noch einen weißen Filzbommel in jede Blüte und dann alles am Kranz fest.

Kleine SCHNEEMANNFIGUR

DAS BRAUCHST DU:

- leere Toilettenpapierrolle
- Papier, weiß
- Pfeifenputzer
- 2 Filzbommel, pink
- Glitzerpapier
- etwas Bastelpapier, orange
- Filzstift, schwarz
- 3 Pailletten
- Schere
- Klebestift

SO GEHT'S:

1 Umwickle die Papprolle mit einem passenden Stück weißem Papier und klebe es fest.

2 Für die Ohrenwärmer schneidest du ein ca. 10 cm langes Stück von dem Pfeifenreiniger ab und biegst ihn so zurecht, dass er wie Ohrenwärmer über dem Schneemannkopf liegen würde. Klebe nun beide Enden an der Papprolle fest. Die Filzbommel klebst du an die jeweiligen Enden des Pfeifenreinigers.

3 Aus dem orangefarbenen Papier schneidest du eine Karottennase für deinen Schneemann aus und klebst diese dorthin, wo das Gesicht des Schneemanns sein soll.

4 Nun geht es an den letzten Schliff: Schneide aus dem Glitzerpapier den Schal aus (ca. 15 cm lang und 1–2 cm breit), und klebe ihn um die Rolle herum fest.

5 Zum Schluss malst du deinem Schneemann noch Augen und den Mund auf. Mit Glitzerpailletten kannst du ihm noch Knöpfe verpassen, die du unter dem Schal untereinander festklebst.

Gipfel-GUCKLOCH

DAS BRAUCHST DU:

- eine runde weiße Schachtel
- Bastelpapier, weiß
- Schere
- Stifte
- Flüssigkleber
- hübsches Band, zum Aufhängen
- Kopiervorlage (S. 77)

SO GEHT'S:

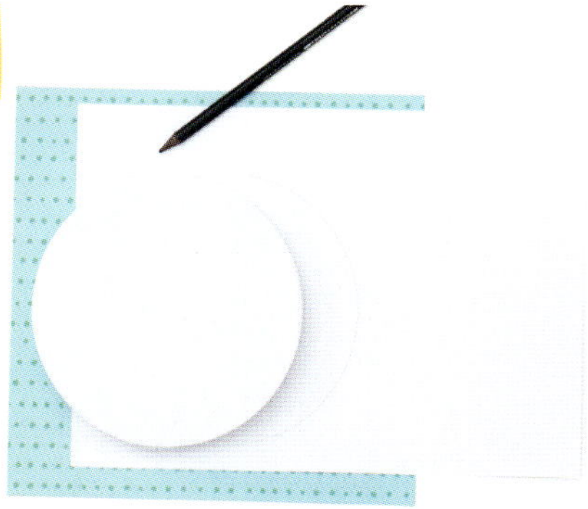

1 Dein Guckloch funktioniert wie eine Theaterbühne: Viele unterschiedlich hohe Ebenen eines Bühnenbilds werden hintereinander gelegt. So sieht es aus, als könnte man wirklich weit gucken. Als Erstes legst du dafür die Schachtel als Schablone auf das weiße Papier und zeichnest mit Bleistift einmal um die Hälfte herum. Das wiederhole mehrmals.

2 An diese Halbkreise zeichnest du nun die einzelnen Elemente deines Bühnenbilds: an einen Halbkreis zum Beispiel sanfte Hügel, an den nächsten ein Tier deiner Wahl (z. B. die Eisbärenschablone von S. 77), dann einen Tannenwald und zum Schluss die hohen Berge. Plane unbedingt unten jeweils eine Fingerbreite Platz als Klebekante ein.

3 Schneide alle Teile vorsichtig aus. Schneide den Klebebereich im unteren Bereich mit der Schere einige Millimeter mehrmals ein und knicke ihn dann um.

4 Gib Kleber auf die umgebogenen Klebekanten und befestige alle Teile der Größe nach in deiner Pappschachtel. Lass dir gern helfen, die Sache ist ein wenig fummelig. Wenn alles getrocknet ist, kannst du dein Guckloch mit Klebeband an einem hübschen Band befestigen und daran aufhängen.

Servietten-KUNSTWERK

DAS BRAUCHST DU:

- bunte Servietten
- Papier, weiß
- buntes Bastel- oder Tonpapier
- Filzstift, schwarz
- Bastelfarbe, weiß
- Kleister
- Pinsel
- Schere
- Teller
- Bleistift mit Radiergummi
- evtl. passenden Bilderrahmen

SO GEHT'S:

1 Reiße die Servietten in viele kleine Stücke. Mische den Kleister nach Packungsanleitung an und streiche das weiße Papier großzügig damit ein. Klebe anschließend die Servietten-schnipsel nebeneinander auf das Papier. Klebe auch ein paar übereinander, sodass kein Weiß-raum mehr zu sehen ist. Lass anschließend alles gut trocknen.

2 Schneide aus dem beklebten Tonpapier viele große und kleine Tannen aus. Die Tannen dürfen ruhig eine ganz einfache Form haben.

3 Lege deine Tannen einmal zur Probe auf dein Hintergrundpapier auf und tausche sie, wenn nötig, aus, bis dir dein Tannenwald gefällt. Klebe die Tannen dann mit Kleister auf das Papier. Wenn du magst, kannst du mit einem schwarzen Filzstift noch Tannen-stämme und Äste aufzeichnen. Vielleicht mögen auch Mama oder Papa dabei helfen.

4 Gib ein wenig weiße Farbe auf einen Teller und tupfe mithilfe des Radiergummis hinten am Bleistift ganz viele weiße Schneeflocken auf deinen Wald. Das funktioniert natürlich auch wunderbar mit den Fingern. Lass alles gut trocknen. Wenn du möchtest, kannst du dein Bild noch in einen passenden Bilderrah-men stecken und aufhängen.

Origami-KARTEN

DAS BRAUCHST DU:

- 3 bunte Klappkarten, DIN-A5
- Papier, weiß, DIN-A4
- Kleber
- Filzstift, gelb
- Schere

SO GEHT'S:

1 Schneide aus dem DIN-A4-Blatt pro Karte, die du bekleben möchtest, drei unterschiedlich große Quadrate aus. Zum Beispiel einmal 10 x 10 cm, einmal 7 x 7 cm und einmal 5 x 5 cm.

2 Falte die Quadrate zu Rechtecken und die geschlossenen Ecken zur Mitte hin, sodass Dreiecke entstehen.

3 Nun faltest du die linke und rechte obere Ecke so zur Mitte hin, dass ein kleines Dreieck entsteht. So machst du es auch mit den anderen Quadraten, sodass du pro Karte drei Dreiecke in verschiedenen Größen erhältst.

4 Nun beklebst du deine Karte: Das größte Dreieck nach unten, dann das mittlere auf die Spitze des unteren und das kleinste Dreieck auf die Spitze des mittleren Dreiecks. So entstehen auf deinen Karten die Tannenbäume.

5 Du kannst zum Schluss noch für die Tannenbaumspitzen mit Filzstift einen Stern auf das weiße Papier malen, ausschneiden und anschließend auf die Tanne kleben. Fertig sind die wunderschönen Weihnachtskarten!

Tannenbaum-AUFHÄNGER

DAS BRAUCHST DU:

- 3 Holzbastelstiele, 1–2 cm breit
- Bastelfarben
- bunte Klebesticker
- etwas Bastelpapier
- Schere
- Flüssigkleber
- Pinsel

SO GEHT'S:

1 Als Erstes schneidest du von einem der Holzstiele ungefähr die Hälfte ab. Das wird die untere Seite des Tannenbaums. Lass dir hierbei von einem Erwachsenen helfen. Dann bemalst du die drei Holzstiele mit einem schönen Grün deiner Bastelfarben. Achte darauf, dass du je beide Seiten mit Farbe bedeckst. Lass die Stiele danach gut trocknen.

2 Nach dem Trocknen klebst du die Stiele nun so an den Enden zusammen, dass der kurze Stiel die untere Seite bildet. Lass den Kleber wieder gut trocknen.

3 Sobald alles getrocknet ist, kannst du nun deinen Tannenbaum mit den bunten Klebepunkten und einem Stern, den du aus dem Bastelpapier ausschneidest, verzieren. Fertig ist dein kleiner Christbaum!

TIPP

Mit einem Stück Schnur, das du durch den Zwischenraum fädelst, kannst du deinen Schmuck dann an eurem Tannenbaum oder am Fenster befestigen.

Zirkus-Zieh-ADVENTSKALENDER

DAS BRAUCHST DU:

- große, runde weiße Schachtel
- Bastelkarton
- Bastelfarben
- Papier, weiß
- 24 kleine Geschenke
- Paketschnur
- Stoffrest
- Cuttermesser
- Bleistift
- Lineal
- Schere
- Flüssigkleber
- Pinsel
- Masking Tape
- Klebeband

SO GEHT'S:

1 Lass dir von deiner Mama oder deinem Papa mit dem Cuttermesser eine Tür in die Schachtel schneiden.

2 Lege die Schachtel auf den Tonkarton und zeichne mit dem Bleistift einmal rundherum. Gemeinsam mit Mama oder Papa bestimmst du mithilfe des Lineals den Mittelpunkt und zeichnest ein spitzes Dreieck vom Außenkreis bis zur Mitte. Schneide erst den Kreis, dann das Dreieck aus.

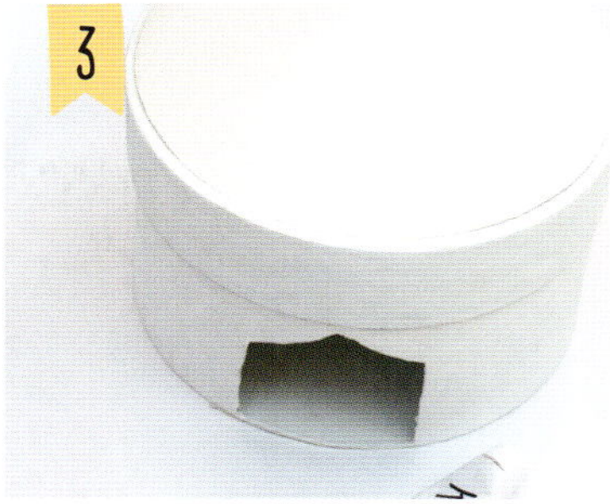

3 Schiebe die Seiten des ausgeschnittenen Dreiecks zusammen, sodass aus dem Pappkreis eine leichte Spitze und damit eine Dachform entsteht, und klebe das Dach dann auf der Schachtel fest.

4 Verpasse deinem Zirkuszelt anschließend mit Farbe und Pinsel hübsche Streifen. Lass danach alles gut trocknen.

5 Gestalte nun passendes Geschenkpapier, indem du das Papier mit Streifen, Kreisen, Herzen oder kleinen Tannen bemalst. Ebenfalls trocknen lassen. Verpacke die Geschenke und binde sie hintereinander an die Paketschnur. Lass zwischen jedem Geschenk etwas Platz und klebe jeweils ein Stück Masking Tape an das Band. So weißt du später, bis wohin du jeweils ziehen darfst.

6 Lege die Geschenkschnur zum Schluss vorsichtig in deine Schachtel, immer rundherum, wie ein Schneckenhaus. Ein Geschenk darfst du schon zur Tür herausziehen. Schneide zum Schluss ein Stück Stoff zurecht und klebe es mit Klebeband als Sichtschutz über die Zirkustür. So kommt keiner auf die Idee, vor der ersten Vorstellung zu schummeln!

Duftende ANHÄNGER

DAS BRAUCHST DU:

- Schalen von Bio-Orangen
- Plätzchenausstecher
- Bügeleisen
- Backpapier
- Nadel
- Garn

SO GEHT'S:

1 Schäle die Orange so, dass du möglichst große Stücke aus der Schale bekommst. Mit deinen Lieblingsausstechern kannst du dann die ersten Anhänger aus den Schalen stanzen.

2 Bitte beim nächsten Schritt unbedingt einen Erwachsenen um Hilfe. Lege das Backpapier über deine ausgestochenen Formen und bügele sie mit dem Bügeleisen auf kleiner bis mittlerer Hitze vorsichtig flach. Frag unbedingt deine Eltern, ob sie dir helfen können. Lass sie nach dem Bügeln erst einmal gut abkühlen, bevor es weitergeht.

3 Mit einer Nadel kannst du nun noch oben in den Formen ein kleines Loch einstanzen. Dann kannst du die Anhänger später an einem Garn auffädeln und aufhängen. Lass die Anhänger an einem warmen Ort gut trocknen.

4 Sobald deine Anhänger alle komplett getrocknet sind, kannst du sie auf dem Garn auffädeln. Die Girlande sieht im Adventskranz zwischen Tannenzapfen bestimmt toll aus!

Glitzer-KARTEN

DAS BRAUCHST DU:

- Bastelkarton
- Paketschnur
- Glitzerpailletten
- Glitzer-Filzbommel
- Grußkarte
- Glitzergelstifte
- Schere
- Flüssigkleber
- Heißklebepistole

SO GEHT'S:

1 Zeichne im ersten Schritt die Form für deinen Tannenbaum auf ein Stück festen Bastelkarton. Ein Dreieck dient hier perfekt als Vorlage.

2 Mit deiner Schere schneidest du nun das Dreieck vorsichtig aus und bestreichst eine Seite mit ausreichend Kleber, damit der Faden, den du im Anschluss herumwickelst, auch gut hält.

3 Beginne nun von der Tannenspitze aus, das Dreieck mit der Paketschnur zu umwickeln.

4 Wickle so lange dein Dreieck ein, bis alles von der Schnur bedeckt ist und keine Zwischenräume mehr zu erkennen sind. Schneide die Schnur ab und klebe das Ende am unteren Rand deines Baums fest. Mithilfe der Heißklebepistole befestigst du dein Dreieck auf der Karte. Vorsicht, das ganze wird sehr heiß! Frage deine Eltern unbedingt um Hilfe. Lass nun alles gut trocknen.

5 Jetzt geht es ans Schmücken. Klebe glitzernde Pailletten als Christbaumkugeln an deinen Baum, verziere ihn mit Glitzergelstiften und klebe zum Schluss auch noch eine Baumspitze auf. Hierfür nimmst du den roten Filzbommel.

6 Zum Schluss kannst du noch mit bunten Glitzerklebestiften die letzten Akzente an deinem Baum setzen. Und fertig ist deine funkelnde Weihnachtskarte!

Tierisch GUT VERPACKT

DAS BRAUCHST DU:

- Packpapier
- Bastelpapier, weiß
- Filzstift, rot und schwarz
- Schere
- Klebestift

SO GEHT'S:

1 Sobald du dein Geschenk mit Packpapier verpackt hast, geht es daran, es in ein lustiges Rentier zu verwandeln. Hierfür schneidest du aus einem weiteren Stück von dem festen Papier zwei kleine Ohren aus und legst sie beiseite. Mit dem roten Filzstift malst du dem Rentier eine Nase.

2 Aus weißem Papier schneidest du nun zwei Kreise für die Augen aus und malst mit deinem schwarzen Filzstift jeweils noch die Pupille auf.

3 Mit deinem Klebestift klebst du die Augen über der Nase an und die Ohren an den beiden oberen Ecken deines Päckchens.

4 Jetzt braucht das Rentier noch ein Geweih. Dafür nimmst du wieder ein Stück von deinem Packpapier und schneidest daraus zwei kleine Geweihe aus. Diese klebst du anschließend über den Ohren auf. Und schon ist dein Geschenk hübsch verpackt!

Adventskalender-HÄUSCHEN

DAS BRAUCHST DU:

- 12 Toilettenpapierrollen
- Kunststroh
- Stück Pappkarton
- 24 Kleinigkeiten/Süßigkeiten
- Papier, weiß
- Schere
- Heißklebepistole
- Filzstift, schwarz

SO GEHT'S:

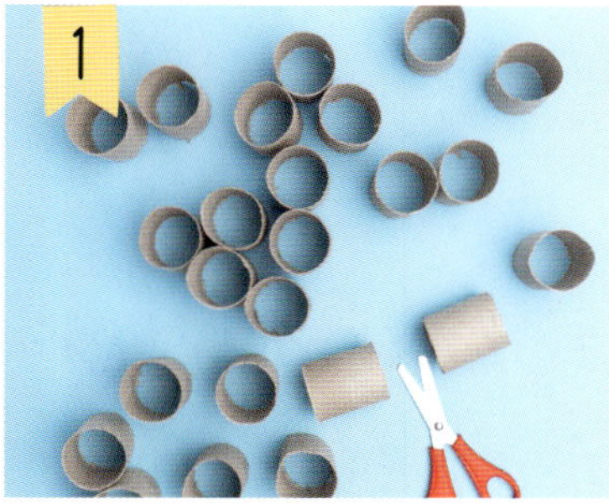

1 Als Erstes schneidest du vorsichtig all deine Papprollen in der Mitte durch. Frage deine Eltern, ob sie dir dabei helfen können.

2 Nun nimmst du dein Stück Pappe als Unterlage und ordnest die Rollen folgendermaßen an (s. Bild): Vier Rollen waagrecht und sechs Rollen senkrecht. Wenn du alles angeordnet hast, kannst du die Rollen mithilfe der Heißklebepistole festkleben. Frage hier bitte unbedingt einen Erwachsenen um Hilfe!

3 Wenn der Kleber getrocknet ist, kannst du die Rollen mit dem Dekostroh befüllen und die kleinen Geschenke/Süßigkeiten hineingeben.

4 Damit die Geschenke nicht aus dem Adventskalender purzeln, wenn du ihn aufstellst, müssen wir noch kleine Deckel basteln. Hierfür schneidest du 24 Kreise aus, die einen etwas größeren Durchmesser als die Papprollen haben. Du kannst die Deckel entweder per Hand beschriften oder die Nummern auf dem Computer schreiben und auf einem Blatt Papier ausdrucken. Hierbei hilft dir ein Erwachsener bestimmt.

5 Klebe die Deckel auf die Rollen, aber nur bis zur Hälfte, damit du die Türchen noch ein- oder aufklappen kannst. Aus einem weiteren Stück Pappe das Dach bilden und an der 1. und 4. Rolle festkleben.

Weihnachts-KRANZ

DAS BRAUCHST DU:

- Pappteller
- Schmetterlingsnudeln (Farfalle)
- Sprühlack oder Bastelfarben
- kleine Stoffschleifen
- kleine Tannenzapfen
- kleiner Teller oder Untertasse
- Schere
- Heißklebepistole

SO GEHT'S:

1 Zuerst musst du den Rahmen für deinen Kranz aus dem Pappteller schneiden. Dafür nimmst du den kleinen Teller zur Hilfe, platzierst ihn in die Mitte des Papptellers und zeichnest mit einem Bleistift den Umriss ab. An dieser Linie schneidest du dann entlang aus.

2 Jetzt beginnst du damit, die Nudeln mithilfe der Heißklebepistole an den Kranz zu bringen. Pass hierbei bitte gut auf – die Klebepistole wird sehr heiß! Am besten fragst du deine Eltern, ob sie dir dabei helfen können!

3 Wenn du einmal die Nudeln um deinen Kranz herumgeklebt hast, kannst du auf die erste Nudelreihe eine zweite setzen. So verdichtest du deinen Kranz, und du kannst die weißen Zwischenräume schließen. Lass den Kleber danach gut trocknen.

4 Wenn alles gut getrocknet ist, kannst du deinen Kranz mit goldener Sprühfarbe einsprühen. Wenn du keine Sprühfarben hast, kannst du die Nudeln auch vorsichtig mit Bastelfarbe und Pinsel bemalen. Lass die Farbe danach wieder gut trocknen.

5 Jetzt kannst du deinen Kranz noch schön mit ein paar Schleifchen oder kleinen Tannenzapfen verzieren. Alles mit der Heißklebepistole fixieren und trocknen lassen.

Schneeflöckchen, WEIßRÖCKCHEN

DAS BRAUCHST DU:

- DIN-A4-Papier, weiß
- Schere

SO GEHT'S:

1 Lege das Blatt Papier hochkant vor dir hin und falte die obere linke Ecke so nach unten, dass die obere Kante an der rechten senkrechten Kante aufliegt.

2 Nimm nun die Spitze oben rechts und falte sie so nach unten, dass sie die untere linke Spitze berührt. Dein Papier sieht jetzt aus wie ein Haus.

3 Das überschüssige Rechteck schneidest du nun vorsichtig und sauber an der Kante zum oberen Dreieck ab.

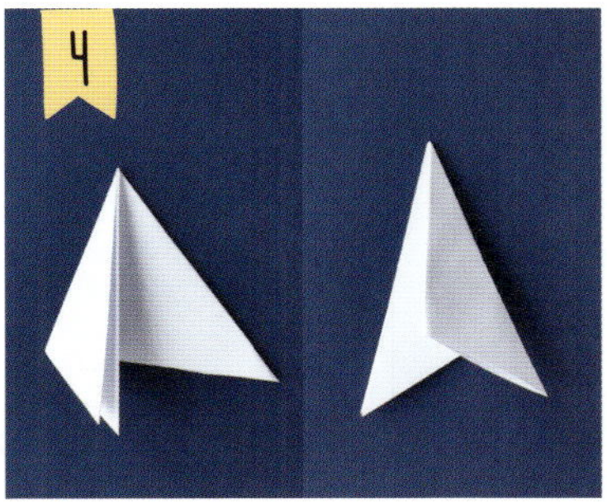

4 Falte nun das Dreieck von links noch einmal in der Mitte. Drehe es dann so, dass die geschlossene Kante rechts liegt und falte die untere Spitze der geschlossenen Kante zur gegenüberliegenden linken Spitze. Du hast du ein kleines Dreieck vor dir liegen.

5 Jetzt nimmst du deine Bastelschere und schneidest an allen Seiten des gefalteten Dreiecks lauter kleine unterschiedlich große Dreiecke aus.

6 Wenn du das Dreieck nun komplett aufklappst, hast du ein schön gemustertes Quadrat. Mit deiner Schere kannst du jetzt noch so schneiden, dass eine Sternform entsteht.

Knuffiger PINGUIN

DAS BRAUCHST DU:

- Papier für Vorlagen (S. 76)
- Tannenzapfen
- Filzrest, schwarz, 4 x 14 cm (2 Flügel, Stirn)
- Filzkreis, weiß, 3,8 cm (Gesicht)
- Filzrest, orange, 1,5 x 1,5 cm (Nase)
- Filzstift, schwarz
- Schere
- Flüssigkleber

SO GEHT'S:

1

2

3

1 Übertrage zuerst die Vorlagen (S. 76) auf Papier. Dann schneidest du aus den entsprechenden Filzstücken die Stirn, zwei Flügel, das Gesicht und die Nase aus.

2 Klebe nun die Stirn und die Nase auf das Gesicht des Pinguins.

3 Die Augen malst du mit dem Permanentmarker in die Augenhöhle.

4

5

4 Das ganze Gesicht klebst du dann im oberen Drittel des Zapfens auf. Jetzt musst du den Pinguin gut trocknen lassen, damit er das Gesicht nicht wieder verliert.

5 Zum Schluss klebst du noch die beiden Flügel mit Klebstoff seitlich an den Zapfen. Du kannst deinen Pinguin auf künstlichem Schnee dekorieren, da fühlt er sich besonders wohl!

Immerblühende CHRISTROSEN

DAS BRAUCHST DU:

- Leinwände
- Bastelfarben
- verschiedene Papiere (farbigen Tonkarton, gemustertes Papier, Faltpapier, gern auch Reste)
- Pinsel
- Bleistift
- Schere
- Kleber

SO GEHT'S:

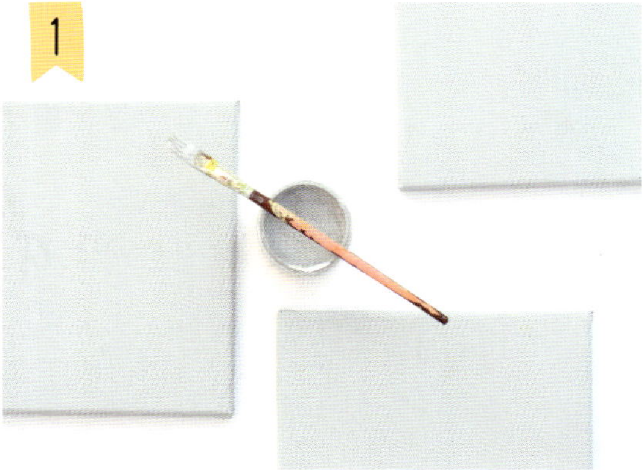

1 Wenn du magst, kannst du zuerst die Leinwände mit Acryl- oder Kreidefarbe anmalen (auf einem farbigen Hintergrund strahlen die weißen Christrosen noch schöner).

2 Jetzt wird es spannend: Zeichne mit dem Bleistift Christrosenblüten und Blätter auf deine unterschiedlichen Papiere auf. Vielleicht auch ein paar Schneeflocken oder Tannen? Deiner Fantasie sind keine Grenzen gesetzt. Schneide anschließend alles aus.

3 Und jetzt kommt das Schönste: Lege aus deinen Blüten und Blättern hübsche Collagen. Klebe erst alles fest, wenn du zufrieden bist.

TIPP

Die klassische Christrose hat eine einfach zu zeichnende Blüte mit fünf rundlichen Blättern. Sicher hast du solche Blumen schon einmal gezeichnet. Natürlich gibt es unzählige weitere sehr spannende Züchtungen, in vielen Farben und Formen, die dich ganz sicher zu wunderschönen Blütenalternativen inspirieren. Einfach mal mit den Eltern im Internet nach Christrose suchen.

Vorlagen

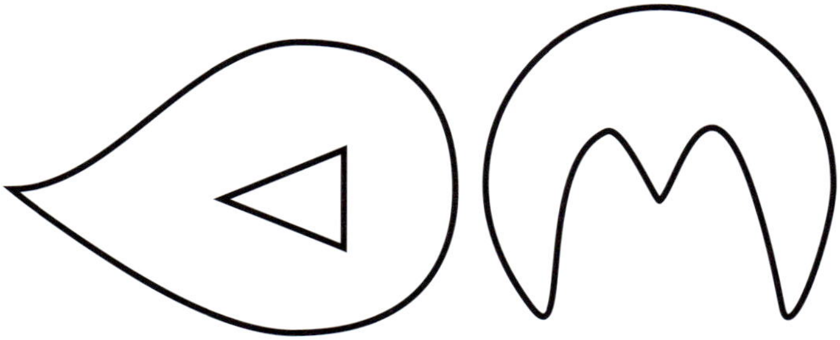

Pinguin aus Tannenzapfen
(S. 72)

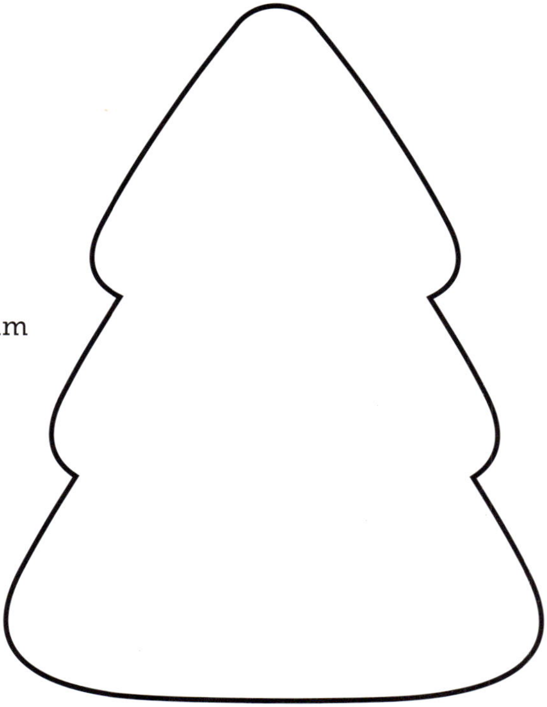

Filztannenbaum
(S. 20)

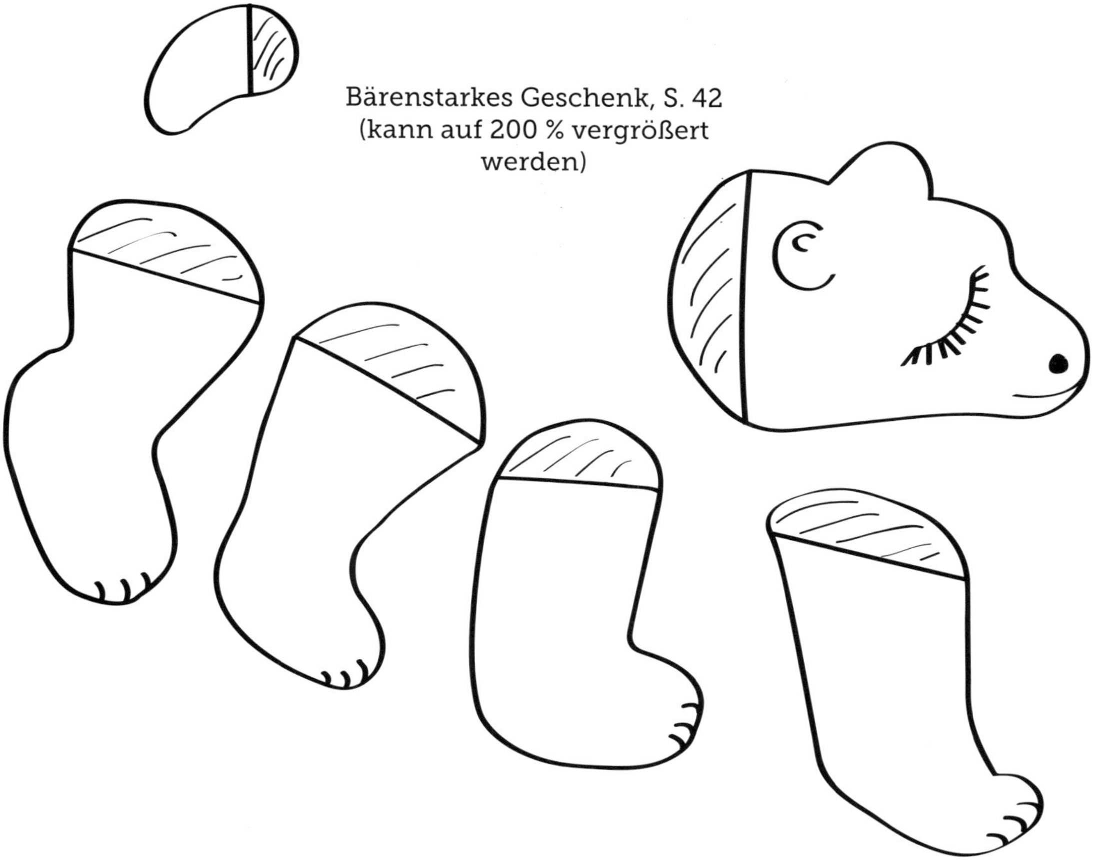

Bärenstarkes Geschenk, S. 42
(kann auf 200 % vergrößert werden)

Gipfel-Guckloch
(S. 51)

IN DER Weihnachts-bäckerei

Am besten backst du immer mit deiner Mama oder deinem Papa zusammen. Sie können dir mit den schweren Küchengeräten gut helfen.

SCHWIERIGKEITSGRADE

Kinderleicht! Dieses Rezept gelingt mit wenig Aufwand.

Hier ist etwas mehr Ausdauer gefragt, aber auch das schaffst du mit etwas Übung und Hilfe.

Dieses Rezept ist ein wenig aufwendiger und braucht etwas mehr Zeit. Dafür ist das Ergebnis aber super!

Küchen HELFER

SPRITZBEUTEL UND TÜLLEN

Diese Helfer sind genau das Richtige, wenn Kuchen, Torten und Muffins schön verziert werden sollen. Sie helfen bei Tupfern, Linien und Buchstaben aus Sahne, aber auch beim flächigen Auftragen von Schokolade oder Creme. Zur Grundausstattung gehören eine runde Tülle und eine Sterntülle.

NUDELHOLZ

Egal, ob Mürbeteig, Hefeteig oder Plätzchenteig: Ohne ein Nudelholz geht gar nichts! Nudelhölzer gibt es in vielen Variationen und aus Materialien wie Kunststoff und Metall, jedoch empfiehlt sich das klassische aus Holz, da es sehr gut zum Teigausrollen geeignet ist.

BACKFORMEN

Für die meisten Klassiker reichen eine gute Springform und Backbleche schon aus. Bei einigen Rezepten braucht man speziellere Formen. Wer diese nicht besitzt, kann das Rezept aber meist auch in einer klassischen Kuchenform backen.

NOCH MEHR KÜCHENHELFER

Backen ist eine genaue Angelegenheit! Es ist also sehr wichtig, dass die Angaben im Rezept exakt befolgt werden. Benutze deswegen zum Wiegen und Abmessen einen Messbecher und eine Küchenwaage. Zahnstocher oder Holzstäbchen sind wunderbare Helfer bei der „Stäbchenprobe" (s. S. 81). In einigen Situationen kann ein Backpinsel sehr hilfreich sein. Für das Plätzchenbacken braucht man natürlich unterschiedliche Keksausstecher, und selbstverständlich sollte man immer genügend Backpapier zur Hand haben.

Tipps UND TRICKS

Backen macht super viel Spaß, besonders wenn man es gemeinsam macht! Wenn du also noch nie gebacken hast, helfen dir diese Tipps und Tricks auf jeden Fall weiter. Achte auch darauf, dass deine Mama oder dein Papa dir immer dabei helfen, denn manchmal ist es gar nicht so einfach, mit all den Geräten und Zutaten umzugehen.

1 Backe Teige mit Backpulver am besten immer sofort. Wenn der Teig zu lange steht, verliert er an Backkraft.

2 Auch Biskuitteig sollte immer sofort in den Ofen. Die Luft, die durch das Aufschlagen der Eier eingearbeitet wurde, entweicht sonst wieder.

3 Wenn Eiweiß steif werden soll, muss die Schüssel fettfrei sein. Es darf außerdem kein Eigelb mit in die Schüssel kommen, sonst gelingt es nicht.

4 Wenn du für einen Kuchenboden Mürbeteig verwendest, stich vor dem Backen mit einer Gabel mehrmals in den Teig, damit sich keine Blasen bilden.

5 Mürbeteig sollte immer so lange geknetet werden, bis er schön geschmeidig ist. Wickel ihn dann in Frischhaltefolie und leg ihn mindestens 30 Minuten in den Kühlschrank. Dann klebt er beim Ausrollen später weniger.

6 Damit sich der Kuchen leichter von der Springform auf die Kuchenplatte bewegen lässt, lege den Ring der Springform nochmals leicht um den Kuchen und schieb ihn dann auf die Platte.

7 Wenn du viel Sahne steif schlägst, teil sie auf mindestens 2 Portionen auf. So wird alles richtig fest – und du ersparst dir langes Rühren.

8 Wenn in einem Rezept gemahlene Nüsse angegeben sind, mahle am besten selbst Nüsse (z. B. mit der Küchenmaschine), statt sie gemahlen zu kaufen. Dadurch wird der Geschmack intensiver.

9 Wenn du Eiweiß steif schlagen willst, gib immer noch 1 Prise Salz dazu. Dadurch wird der Eischnee fester.

10 Klebriger Teig lässt sich am besten mit Einweghandschuhen formen oder in eine Form drücken. So bleiben die Hände sauber.

11 Wenn du mehrere Kuchen gleichzeitig backen willst, stell den Ofen auf Umluft und reduziere die Temperatur um 20 °C. So bekommen alle Kuchen Hitze ab.

12 Damit der Schokoladenguss am Schluss schön glänzt, muss man die Schokolade vorher noch bearbeiten. Das geht einfach, wenn du ein wenig Kokosfett oder Öl einrührst.

13 Mit der Stäbchenprobe kannst du prüfen, ob dein Kuchen schon fertig gebacken ist. Mit einem Holzspieß stichst du in die dickste Stelle. Wenn beim Herausziehen noch Teigreste kleben bleiben, muss er noch einmal ein bisschen weiterbacken.

5 Min Zubereitung
30 Min Ruhezeit

Mürbeteig süß

DAS BRAUCHST DU:

- 300 g Mehl

- 200 g Zucker

- 100 g Butter

1 Zuerst das Mehl mit dem Zucker und der Butter in Stückchen in eine Schüssel geben. Alles gut mit den Knethaken des Handrührgeräts verrühren und bei Bedarf alles noch mit 1–2 EL kaltem Wasser zu einem glatten Teig verkneten.

2 Nun den Teig in Frischhaltefolie wickeln und im Kühlschrank etwa 30 Minuten ruhen lassen. Danach, wie im jeweiligen Rezept beschrieben, verarbeiten.

5 Min Zubereitung
30 Min Ruhezeit

Mürbeteig MIT MANDELN

DAS BRAUCHST DU:

- 50 g gemahlene Mandeln

- 1 EL Zucker

- 250 g Mehl

- 100 g Butter

- 1 Eigelb

1 Die Mandeln, den Zucker, das Mehl, die Butter in Stückchen und das Eigelb in eine Schüssel geben. Alles mit den Knethaken des Handrührgeräts verrühren, und, falls nötig, 1–2 EL kaltes Wasser dazugeben und alles zu einem glatten Teig verkneten.

2 Anschließend den Teig in Frischhaltefolie wickeln und im Kühlschrank etwa 30 Minuten ruhen lassen.

3 Danach kann der Teig, wie im jeweiligen Rezept beschrieben, weiterverarbeitet werden.

10 Min Zubereitung
35 Min Backzeit (Blech)
20 Min Backzeit (Muffins)

Rührteig EINFACH

DAS BRAUCHST DU:

- 4 Eier

- 150 ml neutrales Pflanzenöl

- 140 g Zucker

- 200 g Mehl

- 50 ml Milch

AUßERDEM:

- 1 Pck. Backpulver

1. Die Eier, Öl und Zucker in einer Schüssel mit dem Schneebesen gut verrühren. Anschließend das Mehl mit 1 Päckchen Backpulver mischen und es zügig unterrühren. Dann die Milch dazugießen und alles glatt verrühren.
2. Den Teig nun, wie im jeweiligen Rezept beschrieben, weiterverarbeiten.
3. Alternativ kannst du ihn auch so backen: Dafür den Ofen auf 180 °C (Ober-/Unterhitze) vorheizen. Das Backoder Muffinblech einfetten. Entweder den Teig auf dem Backblech verstreichen und ihn 35 Minuten backen oder den Teig in die Vertiefungen eines Muffinblechs füllen und ihn 20 Minuten im Ofen backen. Jeweils am Ende der Backzeit mit der Stäbchenprobe testen, ob der Kuchen gar ist.

1DL/DECILITER

Rührteig MIT MANDELN

DAS BRAUCHST DU:

- 125 g Butter

- 125 g Zucker

- 3 Eier

- 350 g Mehl

- 100 g gemahlene Mandeln

- 50 ml Milch

1. Die Butter mit dem Zucker in einer Schüssel mit den Quirlen des Handrührgeräts in mehreren Minuten schaumig schlagen. Dann die Eier einzeln dazugeben und jedes 1 Minute unterrühren. Die Masse nach dem letzten Ei so lange weiterschlagen, bis sie aufhellt.
2. Das Mehl mit den Mandeln und 1 TL Backpulver in einer zweiten Schüssel mischen und unter die Eiermasse rühren. Die Milch dazugießen und unter den Teig rühren. Danach 15 Minuten kühl stellen.
3. Den Teig anschließend, wie im jeweiligen Rezept beschrieben, weiterverarbeiten.

AUßERDEM:

- 1 TL Backpulver

Streusel-TEIG

DAS BRAUCHST DU:

- 150 g kalte Butter

- 250 g Mehl

- 150 g Zucker

- 50 g gemahlene Mandeln

1 Zuerst die Butter in Stücke schneiden. Die Butterstückchen mit dem Mehl, dem Zucker und den gemahlenen Mandeln in der Küchenmaschine zu einem krümeligen Teig verarbeiten.

2 Wenn keine Küchenmaschine zur Hand ist, kommen jetzt die Hände zum Einsatz: Dafür die Butterstückchen mit dem Mehl in eine Schüssel geben, mit den Fingern krümelig reiben und die restlichen Zutaten unterrühren. Den Streuselteig dann weiterverarbeiten, wie in den Rezepten beschrieben.

10 Min Zubereitung
2 Std Ruhezeit

Hefeteig

DAS BRAUCHST DU:

- 250 ml Milch

- 100 g Butter

- 80 g Zucker

- 1 Pck. Trockenhefe

- 500 g Mehl

1 Die Milch in einem Topf erwärmen und die Butter darin bei niedriger Hitze zerlassen. Die Mischung kurz ruhen lassen, bis die Flüssigkeit lauwarm ist. Dann Zucker und Hefe dazugeben und unterrühren. Den Teig 10 Minuten gehen lassen, bis die Hefe schäumt.

2 Das Mehl in eine große Schüssel geben und die Hefemilch hinzufügen. Alles mit den Knethaken des Handrührgeräts in 5 Minuten zu einem glatten Teig verarbeiten. Den Teig mit Frischhaltefolie abdecken und an einem warmen Ort in etwa 2 Stunden auf das Doppelte aufgehen lassen. Danach, wie in den Rezepten beschrieben, weiterverarbeiten.

5 Min Zubereitung
1 Std Ruhezeit
15 Min Backzeit

Leckere VANILLEKIPFERL

DAS BRAUCHST DU:

für 30 Stück

- 210 g kalte Butter

- 70 g Zucker

- 100 g gemahlene Mandeln

- 280 g Mehl

- 100 g Vanillezucker

1. Die Butter in Stückchen schneiden und sie mit dem Zucker in eine Schüssel geben. Beides mit dem Handrührgerät schaumig schlagen.
2. Die Mandeln und das Mehl in einer zweiten Schüssel mischen und unter die Butter-Zucker-Masse rühren. Den Teig in Frischhaltefolie wickeln und 1 Stunde kühl stellen.
3. Den Backofen auf 170 °C (Ober-/Unterhitze) vorheizen und ein Blech mit Backpapier auslegen. Den Teig zwischen Frischhaltefolie zu einer fingerdicken Rolle formen und davon 30 walnussgroße Stücke abschneiden. Diese zu Kipferln formen und mit etwas Abstand auf das Backblech legen. Im Ofen in 15 Minuten goldbraun backen.
4. Den Vanillezucker in eine flache Schale geben. Die warmen Kipferl vorsichtig darin wenden und dann auf einem Kuchengitter trocken und fest werden lassen.

Schokoladige BÄRENTATZEN

DAS BRAUCHST DU:

für 50 Stück

- 1 Portion Rührteig einfach (s. S. 87)

- 200 g Zartbitterschokolade (70% Kakaogehalt)

1. Den Backofen auf 200 °C (Ober-/Unterhitze) vorheizen und zwei Backbleche mit Backpapier auslegen. Den Rührteig in einen Spritzbeutel mit mittelgroßer Tülle füllen und Streifen von 4 cm Länge auf die Backbleche aufspritzen.
2. Die Kekse in 10 Minuten hellgelb backen und dann auf einem Kuchengitter etwas abkühlen lassen.
3. Während die Tatzen backen, die Schokolade grob hacken und über dem Wasserbad vorsichtig schmelzen. Wenn die Tatzen abgekühlt sind, die Enden der Kekse in die flüssige Schokolade tauchen. Auf einem Kuchengitter abtropfen und fest werden lassen.

TIPP

Wer mag, kann die noch feuchte Schokolade zusätzlich noch mit den Lieblingsstreuseln oder Liebesperlen bestreuen.

Funkelnde ZIMTPLÄTZCHEN

DAS BRAUCHST DU:

für 12 Stück

- 1 Portion Mürbeteig mit Mandeln (s. S. 85)

- ½ TL gemahlener Zimt

- 200 g Puderzucker

- 100 g essbare silberne Zuckerperlen

1 Den Mürbeteig bei Zimmertemperatur mit dem Zimt verkneten, anschließend in Frischhaltefolie wickeln und ihn für 30 Minuten kühl stellen.

2 Den Ofen auf 180 °C (Ober-/Unterhitze) vorheizen und ein Backblech mit Backpapier auslegen. Den Puderzucker mit etwa 2 EL Wasser zu einem zähflüssigen Guss verrühren. Den Teig zwischen Frischhaltefolie etwa 3 mm dick ausrollen und mit Ausstechformen nach Wahl (z. B. Herzen, Sterne) Kekse ausstechen. Falls Teig übrig bleibt, die Reste vor dem Ausstechen nochmals kühl stellen.

3 Den ausgestochenen Teig auf das Blech legen und im Ofen in 10 Minuten goldbraun backen, bis er trocken ist. Die Kekse herausnehmen, ein bisschen abkühlen lassen, mit Zuckerguss bestreichen und mit Zuckerperlen dekorieren.

20 Min Zubereitung
1 Std Ruhezeit
15 Min Backzeit

Nussige Kipferl MIT SCHOKOGLASUR

DAS BRAUCHST DU:

für 30 Stück

- 175 g Butter

- 75 g Zucker

- 2 Eigelb

- 200 g Mehl

- 200 g gemahlene Haselnusskerne

- 100 g Zartbitterschokolade (70% Kakaogehalt)

1 Butter und Zucker mit dem Handrührgerät schaumig schlagen. Nacheinander die Eigelbe dazugeben und unterrühren. Das Mehl mit den gemahlenen Haselnüssen mischen und unter die Eigelbmasse rühren. Dann den Teig in Frischhaltefolie wickeln und für 1 Stunde kühl stellen.

2 Den Ofen auf 175 °C (Ober-/Unterhitze) vorheizen und ein Backblech mit Backpapier auslegen. Den Teig zwischen Frischhaltefolie zu einer fingerdicken Rolle ausrollen, davon 30 etwa 2 cm lange Stücke abschneiden und zu Kipferln formen. Die Kipferl im Abstand von 2 cm auf das Backblech legen und im Ofen 15 Minuten backen. Anschließend auf einem Kuchengitter abkühlen lassen.

3 Die Schokolade in einer Schüssel über einem heißen Wasserbad zerlassen. Die Kipferl mit der Spitze einer Seite in die Schokolade tauchen und auf dem Kuchengitter abtropfen lassen.

20 Min Zubereitung
30 Min Ruhezeit
10–12 Min Backzeit

Lustige RENTIERE

DAS BRAUCHST DU:

für 35 Stück

- 225 g weiche Butter

- 110 g Puderzucker

- 250 g Mehl

- 100 g Vollmilchschokolade

- 35 Smarties

AUßERDEM:

- 1 Prise Salz
- etwas Puderzucker

1 Für den Teig Butter, Puderzucker und 1 Prise Salz in eine Rührschüssel geben und mit den Quirlen des Handrührgeräts schaumig rühren. Das Mehl nach und nach dazugeben und alles zu einem zähen Teig verkneten. Den Teig zu einer Kugel formen, in Frischhaltefolie wickeln und etwa 30 Minuten im Kühlschrank ruhen lassen.

2 Den Backofen auf 170 °C (Ober-/Unterhitze) vorheizen. Ein Backblech mit Backpapier auslegen.

3 Den Teig auf einer bemehlten Arbeitsplatte etwa 3 mm dick ausrollen. Aus dem Teig 35 Kreise mit jeweils 6 cm Durchmesser ausstechen und auf das Backblech legen. Die Teigkreise im vorgeheizten Backofen 10–12 Minuten backen. Anschließend abkühlen lassen.

4 Für die Dekoration den Puderzucker mit 2 EL kaltem Wasser verrühren. Den klebrigen Guss in kleinen Klecksen auf dem Shortbread verteilen und jeweils 1 rote Schokolinse als Nase aufdrücken.

5 Die Schokolade in einer Schüssel über einem heißen Wasserbad schmelzen und leicht abkühlen lassen. Die Schokolade in einen Spritzbeutel mit Lochtülle füllen und damit die Augen und die Rentiergeweihe aufmalen. Die Shortbreads in den Kühlschrank legen und die Schokolade fest werden lassen.

20 Min Zubereitung
1 Std Ruhezeit
10 Min Backzeit

Walnuss-TALER

DAS BRAUCHST DU:

für 30 Stück

- 100 g Butter

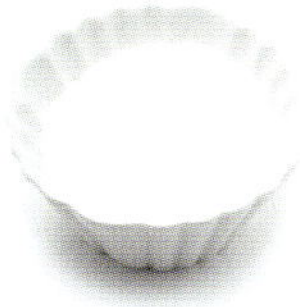

- 100 g Zucker

- 50 ml Milch

- 200 g Mehl

- 150 g Zartbitter-schokolade (70 % Kakaogehalt)

- 50 g gehackte Walnusskerne

1. Die Butter und den Zucker mit dem Handrührgerät schaumig schlagen. Dann die Milch unterrühren. 1 Päckchen Backpulver mit dem Mehl mischen, dann in drei Portionen zur Butter-Zucker-Masse sieben und unterrühren. Ein Drittel der Schokolade grob hacken und zusammen mit den Walnüssen unter den Teig rühren. Anschließend den Teig in Frischhaltefolie wickeln und für 1 Stunde kühl stellen.
2. Den Backofen auf 175 °C (Ober-/Unterhitze) vorheizen und ein Backblech mit Backpapier auslegen. Von dem Teig 30 haselnussgroße Kugeln abtrennen und diese leicht flach drücken. Die Taler auf das Backblech legen und im Ofen 10 Minuten backen. Danach die Kekse herausnehmen und auf einem Kuchengitter etwas abkühlen lassen.
3. Inzwischen die restliche Schokolade in einer Schüssel über einem heißen Wasserbad schmelzen. Dann jedes Plätzchen zur Hälfte in die Schokolade tauchen, abtropfen und trocken werden lassen.

AUßERDEM:

- 1 Pck. Backpulver

Aprikosen-VANILLE-STERNE

DAS BRAUCHST DU:

für 12 Stück

- 200 g Butter

- 150 g Zucker

- 1 Ei

- 1 TL Vanillearoma

- 450 g Mehl

- 4 EL Aprikosenkonfitüre

1 Zuerst den Ofen auf 180 °C (Ober-/Unterhitze) vorheizen und ein Backblech mit Backpapier auslegen. Die Butter und den Zucker mit dem Handrührgerät schaumig schlagen. Ei und Vanillearoma unterrühren. Das Mehl mit 1 TL Backpulver in einer Schüssel mischen, in die Butter-Ei-Masse einsieben und unterrühren. Den Teig zwischen Frischhaltefolie etwa 3 mm dick ausrollen. Aus dem Teig etwa 48 Sterne von 3–4 cm Durchmesser ausstechen und diese auf das Backblech legen. Im Ofen in 8 Minuten goldbraun backen. Die Sterne aus dem Ofen nehmen und abkühlen lassen.

2 Die Aprikosenkonfitüre glatt rühren. Auf die Hälfte der Kekse einen Klecks Konfitüre in die Mitte streichen, die restlichen Kekse versetzt darauflegen und andrücken. Die Sterntürmchen dann auf einem Kuchengitter abkühlen lassen. Nach Belieben die restliche Konfitüre in die Mitte der fertigen Doppelkekse streichen. Die übrigen Kekse versetzt daraufsetzen und vorsichtig andrücken.

AUßERDEM:

- 1 TL Backpulver

20 Min Zubereitung
2 Std Ruhezeit
15 Min Backzeit

Klassische ZIMTSTERNE

DAS BRAUCHST DU:

für 40 Stück

- 500 g Puderzucker

- 1 gestrichener EL gemahlener Zimt

- 4 Eiweiß

- 500 g gemahlene Mandeln

1. Den Puderzucker in eine Schüssel sieben und mit dem Zimt mischen. Die Eiweiße sehr steif schlagen. Den Zimtzucker portionsweise unterrühren und das Ganze dann noch 20 Minuten weiterschlagen.
2. Von der Mischung 4 EL abnehmen und beiseitestellen. Den Rest mit den Mandeln zu einem Teig kneten, diesen zwischen Frischhaltefolie etwa 1 cm dick ausrollen und im Kühlschrank oder Gefrierschrank in 2 Stunden fest werden lassen.
3. Den Backofen auf 180 °C (Ober-/Unterhitze) vorheizen und 1–2 Backbleche mit Backpapier auslegen. Die Teigplatte herausnehmen und Sterne ausstechen; den Ausstecher zwischendurch immer wieder in kaltes Wasser tauchen und so von Teigresten befreien. Die Sterne auf die Backbleche legen und mit der übrigen Eiweiß-Zucker-Mischung bestreichen. Im Ofen in 15 Minuten backen. Herausnehmen und auf einem Kuchengitter abkühlen lassen.

Mandel-HERZEN

DAS BRAUCHST DU:

für 30 Stück

- 250 g Butter

- 120 g Puderzucker

- 2 Eigelb

- 100 g gemahlene Mandeln

- 350 g Mehl

- 30 ganze Mandeln

1 Die Butter und den Puderzucker in einer Schüssel mit dem Handrührgerät schaumig schlagen. 1 Eigelb unterrühren, das andere Eigelb verquirlen und beiseitestellen. Die gemahlenen Mandeln mit dem Mehl mischen und unter die Eigelbmasse rühren. Den Teig in Frischhaltefolie wickeln und für etwa 1 Stunde kühl stellen.

2 Den Ofen auf 200 °C (Ober-/Unterhitze) vorheizen und ein Backblech mit Backpapier auslegen. Den Teig zwischen Frischhaltefolie etwa 0,5 cm dick ausrollen und mit einem Ausstecher 30 Herzen ausstechen. Die Herzen nebeneinander auf das Backblech legen, mit dem übrigen Eigelb bestreichen und in die Mitte 1 Mandel setzen. Die Herzen im Ofen in 8 Minuten goldbraun backen. Die Plätzchen herausnehmen und abkühlen lassen.

20 Min Zubereitung
1 Std Ruhezeit
15 Min Backzeit

Linzer AUGEN

DAS BRAUCHST DU:

für 20 Stück

- 140 g Butter

- 140 g Zucker

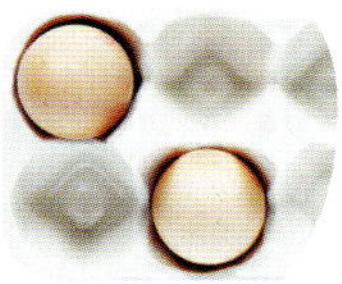

- 2 Eier

- 210 g Mehl

- 1 Messerspitze gemahlene Nelken

- 50 g Himbeerkonfitüre

1 Die Butter und den Zucker in einer Schüssel mit dem Handrührgerät schaumig schlagen. Die Eier trennen. Die Eigelbe unterrühren, die Eiweiße beiseitestellen. Das Mehl mit den Nelken mischen und unter die Eigelbmasse kneten. Den Teig in Frischhaltefolie wickeln und für 1 Stunde kühl stellen.

2 Den Ofen auf 170 °C (Ober-/Unterhitze) vorheizen. Vom Teig 20 walnussgroße Stücke abstechen, diese zu Kugeln formen und auf ein Backblech legen. Mit einem Fingerhut ein Loch in die Mitte drücken und dieses mit Konfitüre füllen. Die Eiweiße schlagen und die Törtchen damit bestreichen. Die Törtchen im Ofen in 15 Minuten goldbraun backen. Herausnehmen und abkühlen lassen.

TIPP

Das Loch kannst du auch mit dem Stielende eines Kochlöffels vorsichtig in die Teigkugeln drücken.

20 Min Zubereitung
30 Min Ruhezeit
10 Min Backzeit

Erdnussbutter-Plätzchen

DAS BRAUCHST DU:

für 30 Stück

- 200 g weiche Butter

- 70 g brauner Zucker

- 100 g Zucker

- 200 g Erdnussbutter

- 1 Ei (Größe L)

- 180 g Mehl

1. Die Butter in Stückchen schneiden und mit den Schneebesen des Handrührgeräts oder der Küchenmaschine cremig rühren, dabei nach und nach braunen Zucker und Zucker zugeben. Anschließend erst die Erdnussbutter, dann das Ei und das Vanillearoma gründlich unterrühren.
2. Mehl, Natron und 2 Prisen Salz mischen und zügig unterrühren. Den Teig zu etwa 30 kleinen Bällchen jeweils rund um ein Karamell-Praliné formen. Die Bällchen mit reichlich Abstand zueinander auf mit Backpapier ausgelegte Bleche setzen und mit einer Gabel kreuzweise 1–1,5 cm hoch flach und rund drücken. 30 Minuten kühl stellen.
3. Den Ofen auf 175 °C (Ober-/Unterhitze) vorheizen. Die Plätzchen darin etwa 10 Minuten leicht braun backen. Herausnehmen und auskühlen lassen.

AUẞERDEM:

- ½ TL Vanillearoma
- ¾ TL Natron
- 30 Karamell-Pralinés

20 Min Zubereitung
1 Std Ruhezeit
15 Min Backzeit

Schoko-Orangen-Plätzchen

DAS BRAUCHST DU:

für 30 Stück

- 120 g Butter

- 100 g Zucker

- 1 Bio-Orange

- 3 EL Kakaopulver

- 200 g Mehl

- 80 g Puderzucker

1. Die Butter mit dem Zucker mit dem Handrührgerät schaumig schlagen. Die Orange waschen und abtrocknen, die Schale in feinen Streifen abziehen und beiseitelegen. 2 EL Orangensaft auspressen und mit dem Kakaopulver verrühren. Die Mischung mit dem Mehl unter die Butter-Zucker-Masse rühren. Den Teig in Frischhaltefolie wickeln und für 1 Stunde kühl stellen.
2. Den Ofen auf 180 °C (Ober-/Unterhitze) vorheizen und ein Backblech mit Backpapier auslegen. Den Teig zwischen Frischhaltefolie zu einer etwa 4 cm dicken Rolle ausrollen und in 30 etwa 3 mm dicke Stücke schneiden. Diese mit etwas Abstand auf das Backblech legen und im Ofen 15 Minuten backen.
3. Den Puderzucker mit 2 EL Wasser zu einem zähflüssigen Guss verrühren. Die Kekse auf einem Kuchengitter damit überziehen und mit den Orangenschalenstreifen dekorieren.

TIPP

Nach Belieben können die Kekse für die Deckel vor dem Andrücken noch mit Puderzucker bestäubt werden.

15 Min Zubereitung
1 Std Ruhezeit
10 Min Backzeit

Lustige Spitzbuben

DAS BRAUCHST DU:

für 25 Stück

- 200 g weiche Butter

- 125 g Zucker

- 1 Ei

- 350 g Mehl

- 2 EL gemahlene Mandeln

- 200 ml Aprikosenkonfitüre

1 Butter und Zucker mit dem Handrührgerät schaumig schlagen, danach das Ei einrühren.

2 Das Mehl mit den Mandeln mischen und beides unterrühren. Mit den Händen oder den Knethaken des Handrührgeräts alles zu einem glatten Teig vermengen, in Frischhaltefolie wickeln und für 1 Stunde kalt stellen.

3 Den Backofen auf 170 °C (Ober-/Unterhitze) vorheizen und zwei Backbleche mit Backpapier auslegen. Die Hälfte des Teigs zwischen Frischhaltefolie 3 mm dick ausrollen. Mit einem Spitzbubenausstecher große Kreise ausstechen, davon die Hälfte (als „Deckel") mit einem kleinen Sternchen in der Mitte. Alle Kekse auf die Backbleche legen und im Ofen 10 Minuten backen.

4 Die fertig gebackenen Kekse herausnehmen und auskühlen lassen. Die ganzen Kreise mit Aprikosenkonfitüre bestreichen, die Kreise mit der ausgestochenen Mitte darauflegen und vorsichtig andrücken.

10 Min Zubereitung
1 Std Ruhezeit
15 Min Backzeit

Butter-Zitronen-PLÄTZCHEN

DAS BRAUCHST DU:

für 30 Stück

- 125 g Butter

- 200 g Zucker

- 3 Eigelb

- 250 g Mehl

- 50 g gemahlene Mandeln

- abgeriebene Schale von 1 Bio-Zitrone

1. Die Butter mit dem Zucker mit dem Handrührgerät schaumig schlagen. Die Eigelbe nacheinander unterrühren und weiterschlagen, bis die Masse aufhellt. Das Mehl mit gemahlenen Mandeln, 2 TL Backpulver und Zitronenabrieb in einer Schüssel mischen und dann unter die Eigelbmasse heben. Den Teig in Frischhaltefolie wickeln und für 1 Stunde kühl stellen.
2. Den Ofen auf 170 °C (Ober-/Unterhitze) vorheizen und ein Backblech mit Backpapier auslegen. Den Teig zwischen Frischhaltefolie 3 mm dick ausrollen und mit Ausstechern nach Wahl 30 weihnachtliche Motive ausstechen. Die Kekse nicht zu dicht nebeneinander auf dem Backblech auslegen und anschließend im Ofen in 15 Minuten goldbraun backen.

AUßERDEM:

- 2 TL Backpulver

10 Min Zubereitung
30 Min Ruhezeit
8–10 Min Backzeit

Bunte KEKSSTANGEN

DAS BRAUCHST DU:

für 30 Stück

- 110 g Butter

- 55 g Zucker

- 120 g Mehl

- 100 g Zartbitterschokolade (70% Kakaogehalt)

- 1 EL Milch

AUßERDEM:

- ½ TL Vanillearoma
- ½ TL Backpulver
- verschiedene Streusel

1 Die zimmerwarme Butter und den Zucker mit dem Rührgerät cremig schlagen. Mehl mit Backpulver vermengen und nach und nach zu der Buttermasse hinzugeben. Die Milch und das Vanillearoma hinzugeben und zu einem gleichmäßigen Teig verrühren. Den Teig nun in Frischhaltefolie wickeln und für mindestens 1 Stunde im Kühlschrank oder 30 Minuten im Gefrierfach kühlen.

2 Den Ofen auf 180 °C (Ober-/Unterhitze) vorheizen. Anschließend den Teig auf einer bemehlten Arbeitsfläche ungefähr 5 mm dick ausrollen. Mit einem Pizzaschneider etwa 1 cm dicke lange Streifen schneiden.

3 Aus den Streifen ungefähr 10 cm lange Stangen schneiden, auf ein mit Backpapier ausgelegtes Backblech legen und für etwa 8–10 Minuten backen, bis die Stäbchen goldbraun sind. Abkühlen lassen.

4 Schokolade vorsichtig schmelzen lassen. Die Stangen mit einer Seite in die Schokolade tauchen und dann nach Belieben mit Streuseln dekorieren.

10 Min Zubereitung
1 Std Ruhezeit
15 Min Backzeit

Orangen-Mandel-Plätzchen

Das brauchst du:

für 30 Stück

- 200 g Butter

- 120 g Zucker

- 1 Eigelb

- abgeriebene Schale von 1 Bio-Orange

- 120 g gemahlene Mandeln

- 250 g Mehl

- 80 g Puderzucker

1. Die Butter mit dem Zucker in einer Schüssel mit dem Handrührgerät schaumig schlagen. Das Eigelb unterrühren.
2. Fast die gesamte abgeriebene Orangenschale mit den gemahlenen Mandeln und dem Mehl unter die Eigelbmasse rühren. Den Teig dann in Frischhaltefolie wickeln und für 1 Stunde kühl stellen.
3. Den Ofen auf 175 °C (Ober-/Unterhitze) vorheizen und ein Backblech mit Backpapier auslegen. Den Teig zwischen Frischhaltefolie etwa 3 mm dick ausrollen. Mit einem mittelgroßen Ausstecher 30 weihnachtliche Motive ausstechen und die Plätzchen mit etwas Abstand auf das Backblech legen und im Backofen in etwa 15 Minuten goldbraun backen.
4. Die Plätzchen aus dem Ofen herausnehmen und abkühlen lassen. Den Puderzucker mit 2 EL Wasser zu einem zähflüssigen Guss verrühren. Die Kekse auf einem Kuchengitter damit überziehen und mit dem Rest der Orangenschalenstreifen dekorieren.

10 Min Zubereitung
35 Min Backzeit

Schokoladen-BROWNIES

DAS BRAUCHST DU:

für 1 Backform (22 x 33 cm)

- 125 g Butter

- 200 g Zartbitterschokolade (70 % Kakaogehalt)

- 200 g Zucker

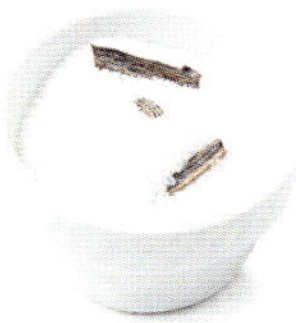

- 1 Pck. Vanillezucker

- 4 Eier

- 200 g Mehl

1 Den Ofen auf 190 °C (Ober-/Unterhitze) vorheizen und die Backform mit Butter einfetten. Danach die Form mit Backpapier auslegen. Dabei etwas Papier zum Herausheben stehen lassen.

2 Die Butter und die Schokolade in Stückchen in eine Schüssel geben und über einem heißen Wasserbad zerlassen, dann beiseitestellen und auf Zimmertemperatur abkühlen lassen. Den Zucker mit dem Vanillezucker unterrühren. Die Eier nacheinander dazugeben und mit einem Schneebesen gründlich einrühren, bis alles gut vermengt ist.

3 Das Mehl unter die Eiermasse rühren. Den Teig in die Form füllen und im Ofen 35 Minuten backen. Den Brownieteig aus der Backform heben, abkühlen lassen und danach in Stücke schneiden.

10 Min Zubereitung
1 Std Ruhezeit
15–18 Min Backzeit

Konfetti-TEEGEBÄCK

DAS BRAUCHST DU:

für 60 Stück

- 220 g kalte Butter

- 300 g Mehl

- 100 g Zucker

- 1 Pck. Vanillezucker

1 Die Butter in Stückchen schneiden und mit Mehl, Zucker, Vanillezucker, ½ TL Salz und Backpulver in einer Rührschüssel mischen. Mit den Knethaken des Handrührgeräts oder der Küchenmaschine so lange rühren, bis feuchte Krümel entstanden sind, die leicht an nassen Sand erinnern.

2 Die Zuckerstreusel (etwa 1 EL davon zurückbehalten) zugeben und alles mit den Händen rasch zu einem glatten Teig kneten. Den Teig in Frischhaltefolie wickeln und 1 Stunde in den Kühlschrank stellen.

3 Den Backofen auf 175 °C (Ober-/Unterhitze) vorheizen. Den Teig auf einer bemehlten Arbeitsfläche etwa 1,5 cm hoch, quadratisch ausrollen und mit einem scharfen Messer in 3 cm große Quadrate schneiden.

4 Mit den übrigen Streuseln bestreuen und diese leicht eindrücken. Die Teigquadrate vorsichtig mit etwas Abstand zueinander auf ein mit Backpapier ausgelegtes Blech legen. Im heißen Ofen 15–18 Minuten backen. Herausnehmen und erst auf dem Blech leicht abkühlen, dann auf dem Kuchengitter vollständig auskühlen lassen.

AUßERDEM:

- ½ TL Salz
- 1 TL Backpulver
- bunte Streusel

10 Min Zubereitung
30 Min Ruhezeit
15 Min Backzeit

Strahlende CHRISTBÄUMCHEN

DAS BRAUCHST DU:

für 12 Stück

- 1 Portion Mürbeteig mit Mandeln (s. S. 85)

- 30 g Puderzucker

- grüne Bio-Lebensmittelfarbe

- essbare silberne Zuckerperlen

1 Den Backofen auf 170 °C (Ober-/Unterhitze) vorheizen und ein Backblech mit Backpapier auslegen.

2 Den Teig zwischen Frischhaltefolie etwa 3 mm dick ausrollen. Mit einem Plätzchenausstecher Bäume aus dem Teig ausstechen und auf das Backblech legen. Die Bäumchen für 30 Minuten kalt stellen und dann im Ofen in 15 Minuten hellgelb backen.

3 Den Puderzucker mit 6 Tropfen Wasser zu einer nicht zu zähflüssigen Masse mischen und mit 1 Tropfen grüner Lebensmittelfarbe einmischen. Die Kekse auf einem Kuchengitter etwas abkühlen lassen, dann mit dem Zuckerguss bestreichen. Zum Schluss noch mit Zuckerperlen dekorieren.

20 Min Zubereitung
2 Std Ruhezeit
10–12 Min Backzeit

Lebkuchen KUGELN

DAS BRAUCHST DU:

für 70 Stück

- 125 g weiche Butter

- 125 g brauner Zucker

- 300 g Mehl

- 150 g Puderzucker

- 2–3 EL Zitronensaft

- 1 EL Kakaopulver

- 1 Ei

1 Das Orangeat mit einem großen Messer ganz fein hacken. Die Butter in Stücken mit der Küchenmaschine cremig rühren, dabei den Zucker nach und nach einrieseln lassen. Erst das Ei gründlich unterrühren, bis eine cremig-weiße Masse entstanden ist, dann die Melasse.

2 Das Mehl, 1 gute Prise Salz, das Back-, Kakao- sowie Gewürzpulver mischen und mit dem Orangeat zügig mit einem Löffel unter die Butter-Eier-Masse rühren. Den Teig zur Kugel formen, in Folie wickeln und 2 Stunden kühlen.

3 Den Backofen auf 175 °C (Ober-/Unterhitze) vorheizen. Den Teig zu etwa walnussgroßen Bällchen formen und auf mit Backpapier ausgelegte Backbleche setzen. Im heißen Ofen nacheinander 10–12 Minuten backen. Herausnehmen, leicht abkühlen lassen, dann auf einem Kuchengitter gut auskühlen lassen.

4 Den Puderzucker und Zitronensaft zu einem dicklichen Guss rühren. So auf die Plätzchen streichen, dass der Guss leicht nach unten laufen kann. Nach Wunsch die Kugeln mit etwas Glitzerzucker bestreuen.

AUßERDEM:

- 70 g Orangeat
- 1 TL Backpulver
- Salz
- 50 g Melasse
- 3 TL Lebkuchengewürz

15 Min Zubereitung
10 Min Backzeit

Kokos-Makronen

DAS BRAUCHST DU:

für 40 Stück

- 4 Eiweiß

- 200 g Kokosraspel

- 200 g Puderzucker

- 40 Mini-Oblaten

- 100 g Vollmilchschokolade

1 Den Backofen auf 150 °C (Ober-/Unterhitze) vorheizen und 2 Backbleche mit Backpapier auslegen. Die Eiweiße mit dem Handrührgerät sehr steif schlagen, dann die Kokosraspel und den Puderzucker unterrühren.

2 Nun die Mini-Oblaten auf die Backbleche legen, den Teig teelöffelweise darauf verteilen. Im Anschluss die Makronen 10 Minuten backen, bis sie etwas fester sind.

3 In der Zwischenzeit die Schokolade in Stücke brechen und über dem Wasserbad schmelzen.

4 Die Makronen aus dem Ofen nehmen und abkühlen lassen, dann mit einer Seite in die Schokolade eintauchen. Auf einem Kuchengitter abtropfen lassen.

TIPP

Die Makronen schmecken übrigens auch ohne Schokoladenguss sehr lecker!

15 Min Zubereitung
1 Std Backzeit
20 Min Ruhezeit

Orangen-Blechkuchen

DAS BRAUCHST DU:

für 1 Backblech

- 250 g Butter

- 250 g Zucker

- 4 Eier

- abgeriebene Schale und Saft von 2 Bio-Orangen

- 250 g Mehl

- 4 EL Puderzucker

AUßERDEM:

- 2 TL Backpulver

1 Den Ofen auf 170 °C (Ober-/Unterhitze) vorheizen und ein Backblech mit Backpapier auslegen. Die Butter mit dem Zucker in einer Schüssel mit dem Handrührgerät schaumig schlagen. Nacheinander die Eier dazugeben und unterrühren. Die Masse so lange weiterrühren, bis sie aufhellt und an Volumen zunimmt.

2 Die Orangenschale mit dem Mehl und 2 TL Backpulver mischen und unter die Eiermasse rühren. Den Teig auf das Backblech streichen und für 1 Stunde im Ofen backen.

3 Den Orangensaft mit dem Puderzucker verquirlen. Den Kuchen aus dem Ofen nehmen und die Oberfläche mit einer Gabel gleichmäßig eng einstechen. Die Orangensaftmischung über den Kuchen gießen und mit einem Pinsel fest in die Teiglöcher drücken. Den Kuchen dann noch etwa 20 Minuten durchziehen lassen. Nach Belieben mit etwas Puderzucker bestreuen.

Duftende BRATÄPFEL

DAS BRAUCHST DU:

für 4 Portionen

- 150 g Dominosteine

- 4 Äpfel

- 200 g Sahne

- 1 EL Zucker

- ½ TL gemahlener Zimt

- 4 Kugeln Vanilleeis

1. Den Ofen auf 200 °C (Ober-/Unterhitze) vorheizen.
2. Die Dominosteine bis auf 4 Stück klein schneiden. Die Äpfel waschen, großzügig das Kerngehäuse entfernen, die Äpfel mit Dominosteinen füllen und dann auf ein mit Backpapier ausgelegtes Backblech setzen.
3. Die Bratäpfel im heißen Ofen 20 Minuten backen. Die Sahne mit Zucker und Zimt steif schlagen.
4. Zu jedem Bratapfel gibt es dann 1 Kugel Vanilleeis, 1 Dominostein und etwas Zimtsahne.

10 Min Zubereitung
30 Min Backzeit

Hefe-STREUSELKUCHEN

DAS BRAUCHST DU:

für 1 Backblech

- 750 ml Milch

- 2 Pck. Vanillepuddingpulver

- 1 Pck. Vanillezucker

- 1 Portion Hefeteig (s. S. 93)

- 1 Portion Streuselteig (s. S. 91)

- 4 EL Konfitüre

1. Den Ofen auf 180 °C (Ober-/Unterhitze) vorheizen. Ein Backblech mit Backpapier auslegen. Aus der Milch, dem Vanillepuddingpulver und dem Vanillezucker nach der Packungsangabe einen Pudding zubereiten, diesen etwas abkühlen lassen.
2. Den Hefeteig auf das Backblech geben, ausrollen und mit einer Gabel gleichmäßig einstechen. Den Teig mit dem Vanillepudding bestreichen und den Streuselteig darauf verteilen. Den Teig im Ofen in 30 Minuten goldbraun und knusprig backen. Aus dem Ofen nehmen und auskühlen lassen.

Variante: Für eine interessante Geschmacksnote bestreicht ihr den Hefeteig zuerst mit 4 EL säuerlicher Konfitüre (wie z. B. Johannisbeere) und gebt dann den Vanillepudding darauf (wie auf dem Bild dargestellt).

15 Min Zubereitung
2 Std Ruhezeit
8–10 Min Backzeit

Cranberry-PLÄTZCHEN

DAS BRAUCHST DU:

für 45 Stück

- 120 g Zucker

- 300 g Mehl

- 220 g Butter

- 60 g getrocknete Cranberrys

AUßERDEM:

- abgeriebene Schale von 1 Bio-Orange
- 1 TL Mandelaroma
- 3 EL Zucker

1 Die Cranberrys zusammen mit 40 g Zucker in einen Mixer geben und klein hacken. Das Mehl mit dem restlichen Zucker in einer Rührschüssel vermischen. Die kalte Butter in Stückchen dazugeben und vermengen. Cranberry-Zucker-Mischung, Orangenabrieb und Mandelextrakt einrühren.

2 Anschließend den Teig mit den Händen kurz verkneten und zu einer langen Rolle rollen. Diese in Backpapier einwickeln und für mindestens 2 Stunden oder über Nacht in den Kühlschrank legen und kühlen.

3 Den Ofen auf 180 °C (Ober-/Unterhitze) vorheizen und ein Backblech mit Backpapier auslegen. Den restlichen Zucker in einen Suppenteller geben.

4 Den Teig in etwa ½ cm dicke Scheiben schneiden. Diese anschließend in Zucker wälzen und mit genügend Abstand auf dem Backblech anordnen.

5 Die Kekse für etwa 8–10 Minuten backen, bis sie leicht goldbraun sind, und anschließend abkühlen lassen.

20 Min Zubereitung
30 Min Backzeit

Kringelige ZIMTSCHNECKEN

DAS BRAUCHST DU:

für 15 Stück

- 1 Portion Hefeteig (s. S. 93)
- 100 g Butter

- 2 TL gemahlener Zimt
- 100 g Walnusskerne

- 100 g Puderzucker

1. Den Ofen auf 180 °C (Ober-/Unterhitze) vorheizen und ein Backblech mit Backpapier auslegen. Den Teig zwischen Frischhaltefolie zu einem etwa 30 x 40 cm großen Rechteck ausrollen. Die Butter in einem ofenfesten Topf im aufheizenden Ofen zerlassen.
2. Die Hälfte davon mit dem Zimt verrühren und den Teig damit bestreichen. Die Walnusskerne hacken und darüber streuen. Den Teig anschließend aufrollen und die Rolle dann in 15 Stücke schneiden.
3. Die Zimtschnecken mit der Schnittfläche nach oben auf das Backblech legen, mit der restlichen Butter bestreichen und im Ofen in 30 Minuten goldbraun backen. Herausnehmen und die Schnecken etwas abkühlen lassen.
4. Den Puderzucker mit 1 EL Wasser zu einem zähflüssigen Guss verrühren und die abgekühlten Zimtschnecken damit bestreichen.

5 Min Zubereitung
15 Min Backzeit

Zarte MADELEINES

DAS BRAUCHST DU:

für 1 Madeleine-Form, 12 Stück

- 80 g Butter

- 80 g Zucker

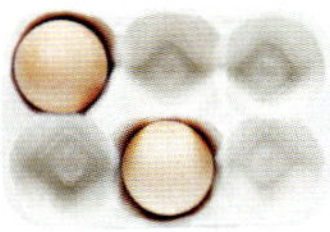

- 2 Eier

- 150 g Mehl

- abgeriebene Schale von 1 Bio-Zitrone

AUßERDEM:

- ½ TL Backpulver

1. Den Ofen auf 180 °C (Ober-/Unterhitze) vorheizen und eine Madeleines-Form großzügig mit Butter einfetten.
2. Die Butter mit dem Zucker in einer Schüssel mit dem Handrührgerät schaumig schlagen. Die Eier nacheinander dazugeben und unterrühren.
3. Das Mehl mit ½ TL Backpulver und der Zitronenschale mischen und unter die Eiermasse rühren. Den Teig in die Vertiefungen der Form füllen und im Ofen in 15 Minuten goldbraun backen.
4. Die Madeleines kurz auskühlen lassen und dann gleich aus der Form lösen. Am besten schmecken die Madeleines noch warm.

Lebkuchenmänner AM STIEL

DAS BRAUCHST DU:

für 21 Stück

- 150 g flüssiger Honig

- 100 g brauner Zucker

- 100 g Butter

- 300 g Mehl

- 100 g Puderzucker

- Saft von ½ Zitrone

1 Honig, Zucker und Butter im Topf schmelzen, bis der Zucker sich aufgelöst hat, dann abkühlen lassen. Mehl, Backpulver und Lebkuchengewürz mischen und mit der flüssigen Masse verkneten. Den Teig in Frischhaltefolie wickeln und über Nacht kühl stellen.

2 Am nächsten Tag den Teig etwa 30–60 Minuten vor der Verarbeitung aus dem Kühlschrank nehmen. Den Backofen auf 180 °C (Ober-/Unterhitze) vorheizen. Ein Backblech mit Backpapier auslegen.

3 Den Teig auf der leicht bemehlten Arbeitsplatte 5–8 mm dick ausrollen und 21 Lebkuchenmänner ausstechen. Auf das Blech legen, in jeden Lebkuchenmann einen Cake-Pop-Stiel drehen und im vorgeheizten Backofen etwa 10 Minuten backen. Herausnehmen und abkühlen lassen.

4 Aus Puderzucker und Zitronensaft einen Zuckerguss rühren. Die Schokolade hacken und über einem heißen Wasserbad schmelzen. Die Lebkuchenmänner mithilfe des Spritzbeutels mit Zuckerguss und Kuvertüre verzieren. Als Bäckchen rote Streusel aufsetzen.

AUßERDEM:

- ½ Pck. Lebkuchengewürz
- ½ Pck. Backpulver
- etwas Schokolade
- Streusel
- 21 Cake-Pop-Stiele

10 Min Zubereitung
40 Min Backzeit

Stollen MIT ROSINEN

DAS BRAUCHST DU:

für 1 Gugelhupfform

- 1 Portion Hefeteig (s. S. 93)

- 2 EL Butter

- 150 g Rosinen

- abgeriebene Schale von 1 Bio-Zitrone

- 3 EL Puderzucker

- 100 g gehackte Mandeln

1. Den Ofen auf 200 °C (Ober-/Unterhitze) vorheizen. Die Gugelhupfform mit 2 EL Butter dick einfetten. Den Hefeteig mit der Zitronenschale, den Rosinen und den Mandeln verkneten.
2. Dann den Teig in die Form geben und im Ofen 20 Minuten backen, die Form anschließend locker mit Alufolie abdecken, damit der Kuchen nicht zu braun wird.
3. Den Gugelhupf noch weitere 20 Minuten backen. Dann den Kuchen herausnehmen, aus der Form lösen und auf einem Kuchengitter abkühlen lassen. Dann mit dem Puderzucker bestreuen.

15 Min Zubereitung
50 Min Backzeit
10 Min Ruhezeit

Warmer Apfel-Streuselauflauf

DAS BRAUCHST DU:

für 6 Personen

- 1 kg leicht säuerliche Äpfel

- 1 Bio-Zitrone

- 3 Stängel Rosmarin

- 4 EL (brauner) Zucker

- 1 Portion Streuselteig (s. S. 91)

- 400 ml Vanilleeis

1. Den Ofen auf 180 °C (Ober-/Unterhitze) vorheizen. Die Äpfel schälen, vierteln, entkernen und grob hacken.
2. Die Zitrone waschen, abtrocknen und die Schale fein abreiben. Den Abrieb beiseitestellen. Den Saft der Zitrone auspressen und mit den Äpfeln mischen.
3. Den Rosmarin waschen und trocken schütteln, die Nadeln abzupfen, hacken und mit dem Zitronenabrieb und dem Zucker zu einer Paste zerdrücken.
4. Die Äpfel in eine Auflaufform (Inhalt 1,5–2 l) füllen und die Rosmarinpaste auf den Äpfeln verteilen. Im Anschluss die Streusel darüberstreuen und fest andrücken.
5. Den Streuselauflauf im Ofen 50 Minuten backen und etwa 10 Minuten bei Zimmertemperatur ruhen lassen. Besonders lecker schmeckt der Auflauf noch warm und mit Vanilleeis.

10 Min Zubereitung
40 Min Backzeit
10 Min Ruhezeit

Pflaumen-Streuselauflauf

DAS BRAUCHST DU:

für 6 Personen

- 800 g Pflaumen

- 3 EL Zucker

- abgeriebene Schale und Saft von 1 Bio-Orange

- 1 Messerspitze gemahlene Muskatnuss

- 1 Portion Streuselteig (s. S. 91)

- 250 g Sahne

1 Den Ofen auf 200 °C (Ober-/Unterhitze) vorheizen. Die Pflaumen waschen, halbieren und entsteinen und mit dem Zucker in einer Schüssel mischen. Orangenschale, Orangensaft und Muskat dazugeben und mit den Pflaumen verrühren.

2 Die Pflaumen in eine Auflaufform (Inhalt 1,5–2 l) schichten und den Streuselteig darüberstreuen.

3 Den Auflauf 40 Minuten im Ofen backen, danach 10 Minuten bei Zimmertemperatur ruhen lassen.

4 In der Zwischenzeit die Sahne steif schlagen und sie zum Schluss extra zum noch warmen Pflaumen-Auflauf dazugeben.

10 Min Zubereitung
30 Min Backzeit

Saftiger BAUMKUCHEN

DAS BRAUCHST DU:

- 5 Eier

- 250 g Zucker

- 250 g Butter

- 250 g Weizenpuder (aus dem Supermarkt)

- 50 g gemahlene Mandeln

- 150 g Zartbitterschokolade (70 % Kakaogehalt)

1. Zuerst den Ofen auf Grillfunktion schalten und die Springform mit Butter einfetten. Die Eier trennen und die Eiweiße mit 1 EL Zucker steif schlagen.
2. Die Butter anschließend mit dem restlichen Zucker mit dem Handrührgerät schaumig schlagen. Die Eigelbe nacheinander unterrühren und die Masse so lange weiterschlagen, bis sie aufhellt.
3. Den Weizenpuder mit den Mandeln mischen und ihn im Wechsel mit dem Eischnee unter die Eigelbmasse ziehen. Der Teig ist sehr flüssig.
4. 2 EL Teig auf dem Boden der Form glatt streichen und im Ofen in 1 Minute goldbraun backen. Dann erneut 1 EL Teig darauf streichen und ihn in etwa 40 Sekunden goldbraun backen. Den übrigen Teig genauso verarbeiten, bis er aufgebraucht ist.
5. Den Baumkuchen abkühlen lassen. In der Zwischenzeit die Schokolade in einer Schüssel über einem heißen Wasserbad zerlassen und den Kuchen damit bestreichen.

AUßERDEM:

- 10 Walnusskerne, zum Verzieren

10 Min Zubereitung
30 Min Backzeit

Kleine WEIHNACHTS-BLONDIES

DAS BRAUCHST DU:

- 1 Rezept Rührteig mit Mandeln (s. S. 89)

- 1 TL gemahlener Zimt

- ½ TL gemahlene Nelken

- 50 g Mandelsplitter

- 100 g weiße Schokolade

1 Den Backofen auf 180 °C (Ober-/Unterhitze) vorheizen und ein Backblech mit Backpapier auslegen.

2 Den Rührteig mit Zimt und Nelken vermengen. Dann den Teig auf das Backblech geben und glattstreichen.

3 Im Ofen in 30 Minuten goldgelb backen. Herausnehmen und noch warm mit den Mandelsplittern bestreuen. Anschließend auf dem Blech etwas abkühlen lassen.

4 Die weiße Schokolade in Stücke brechen, über dem Wasserbad schmelzen, etwas abkühlen lassen und dann als Fäden über den Teig laufen lassen. Die Blondies mit einem Kuchenmesser in gleichmäßige längliche Stücke schneiden.

Impressum

Covergestaltung, Layout und Satz: Celina Reiser
Produktmanagement und Redaktion: Franziska Pfister
Lektorat: Asta Machat, München
Anleitungen und Rezepte: Melanie Allhoff (S. 103), Rose Marie Donhauser (S. 139), Gabriele Gugetzer (S. 81–101, 105–113, 117–121, 125–127, 131, 135–137, 141, 145–147, 151–159), Clara Hansemann (S. 115, 129, 133, 143), Sara Plavic (S. 103), Claudia Schaumann (S. 12, 18, 24–27, 30–35,40, 44, 52–55, 60, 76), Verena Wöhlk Appel (S. 74)
Bildnachweis: Melanie Allhoff (S. 102), Tina Bumann (S. 114, 128, 132, 142), Ilona Habben (Projektfotos S. 12, 18, 24–27, 30–35,40, 44, 52–55, 60, 76), Sara Plavic (S. 102), Claudia Schaumann (S. 13, 19, 25–27, 31–35, 41, 45, 53–55, 61, 77), Verena Wöhlk Appel (S. 75)
Zutatenbilder: Claudia Timmann, Guido Schmelich, Sabrina Sue Daniels, außer:
Weitere Bildnachweise: © 13Smile/Shutterstock (S. 60/61), © Elena Chevalier/Shutterstock (S. 66/67), © FamStudio/Shutterstock (S. 44/45, 54/55, 56/57), © Hong Vo/Shutterstock (Erdnussbutter S. 115), © imageBROKER.com/Shutterstock (Smarties S. 103), © Kate Mayer/Shutterstock (S. 48/49), © Nadya Buyanowa/Shutterstock (S. 40/41), © Lesovaia Irina/Shutterstock (S. 70/71), © New Africa/Shutterstock (Cranberrys S. 143), © Nitr/Shutterstock (S. 78/79), © Oksana_Slepko/Shutterstock (S. 6/7, 20/21), © Olya Detry/Shutterstock (S. 34/35, 36/37, 64/65, 68/69), © OnlyZoia/Shutterstock (S. 12/13), © Spalnic/Shutterstock (Honig S. 149), © Triteleia/Shutterstock (S. 46/47), © valeriya kozoriz/Shutterstock (S. 1), © Yulia YasPe/Shutterstock (S. 62/63), © Zzzenia/Shutterstock (S. 14/15, 18/19, 26/27)
Illustrationen: © avian/Shutterstock, © zoyalipets/Shutterstock

Druck und Bindung: Livonia Print, Jūrkalnes iela 15/25, Rīga, LV-1046, Latvia/Lettland

www.emf-verlag.de